新企业纳税10天入门手册

XINQIYE NASHUI 10 TIAN RUMEN SHOUCE

朱延涛 编著

紧贴税收政策，精解税法理论
引领纳税实务，规避企业风险

经济管理出版社

图书在版编目（CIP）数据

新企业纳税10天入门手册/朱延涛编著. —2版. —北京：经济管理出版社，2018.9
ISBN 978-7-5096-5966-3

Ⅰ．①新… Ⅱ．①朱… Ⅲ．①企业管理—税收管理—中国—手册 Ⅳ．①F812.423-62

中国版本图书馆CIP数据核字（2018）第200292号

组稿编辑：张永美
责任编辑：张永美
责任印制：黄章平
责任校对：超　凡

出版发行：经济管理出版社
　　　　　（北京市海淀区北蜂窝8号中雅大厦A座11层 100038）
网　　址：www.E-mp.com.cn
电　　话：（010）51915602
印　　刷：三河市延风印装有限公司
经　　销：新华书店
开　　本：720mm×1000mm/16
印　　张：13
字　　数：219千字
版　　次：2018年11月第2版　2018年11月第1次印刷
书　　号：ISBN 978-7-5096-5966-3
定　　价：39.00元

·版权所有 翻印必究·
凡购本社图书，如有印装错误，由本社读者服务部负责调换。
联系地址：北京阜外月坛北小街2号
电话：（010）68022974　邮编：100836

前　言

纳税是每个企业都必须履行的义务。美国著名的政治家本杰明·富兰克林说过这样一句话："世上只有两件事是不可避免的，那就是税收和死亡。"中国也有古语："税赋不丰，何以兴国；国家不兴，焉能富民。"税收作为国家财政收入的主要来源和调节经济的重要杠杆，在维护社会秩序、促进经济发展等方面都起着举足轻重的作用。尤其对于正处于经济飞速发展的中国来说，税收的重要性就更加凸显了。

虽然国家为实现其职能，对企业或个人无偿、强制征税，但必须承认的是，很多企业的负责人或财务人员因为税务常识、纳税知识的匮乏，经常在缴纳税款时做出"左手偷漏税、右手多缴税"的事情。这种行为，不仅破坏了国家正常的税收秩序，也让企业担上了沉重的税负，更为企业的发展埋下了隐患。因此，最大限度地为企业减轻税负，最大限度地降低涉税风险，是很多企业必须关注的大问题。

对于很多企业的办税人员来说，如果不知道如何跟税务机关打交道，不知道自身是否具备申报纳税的资格，不知道如何进行纳税申报，不知道如何纳税及在什么时间到什么地点纳税，尤其在营业税改增值税的新政策推出之后，纳税人更是不知道自己是应缴纳营业税还是增值税；对于一般的企业来说，办税人员又经常考虑如何在依法履行纳税义务的前提下，合理合法地减轻企业的税收负担——这将会给企业带来很多不必要的麻烦和损失。而且随着我国经济的迅速发展，每年都会有新的税收政策出台，这就对企业办税人员提出了更高的要求。总之，企业负责人或财务人员纳税知识的多少直接关系到企业的利益。

为了适应政策的变化和知识更新的要求，企业负责人和财务人员必须不断提高自己的工作能力和职业综合素质，这其中免不了对税务知识的了解和强化。《新企业纳税10天入门手册》的编写正是为了解决这个现实问题。

《新企业纳税10天入门手册》用简洁的语言阐述了税收的意义、税收与税法的关系及企业在纳税过程中遇到的问题与解决方法。本书紧跟税法前沿，内容易学易用，既有最新的税收政策法规和纳税程序的解读和介绍，又有纳税实务的会计处理方法和技巧，可指导企业负责人或财务人员掌握基础的纳税知识以及帮助企业做好税收筹划。

与同类书相比，本书具有下列显著特点：

（1）本书的读者对象定位明确，即针对企业纳税人。

（2）本书系统全面，重点突出。

涉及企业常见的税种，每一个税种的主要纳税事项（如纳税义务人资格的认定、征税及减免税范围、申报纳税程序等）都是通过对国家最新税收政策的详细解读呈现在读者面前，内容直观、清晰、简洁、有条理，方便读者阅读、吸收和消化。

（3）本书贴近实际，实用性强。

为了给新入门的读者提供一个简明、轻松、高效的学习机会，本书克服了理论性强所造成的教条、僵硬等缺点，介绍税收政策简明扼要，将复杂的纳税知识直观地展现在了读者面前。

如果身为企业负责人或财务人员的您现在对纳税知识依旧了解甚少，那么衷心地希望您能够从本书中找到必需的知识，不断丰富自己的税务知识，为企业的发展保驾护航。

目 录

第1天 税务和纳税入门知识 …………………………………………… 1
 ◇ 第1堂 认识税收和税法 ……………………………………… 1
 ◇ 第2堂 税收的构成要素 ……………………………………… 11

第2天 企业税务办理的基本程序 …………………………………… 18
 ◇ 第1堂 企业税务登记 ………………………………………… 18
 ◇ 第2堂 涉税证明的办理 ……………………………………… 27
 ◇ 第3堂 税务资格的认定 ……………………………………… 29
 ◇ 第4堂 企业纳税申报 ………………………………………… 34

第3天 企业税务发票管理入门知识 ………………………………… 42
 ◇ 第1堂 认识发票 ……………………………………………… 42
 ◇ 第2堂 增值税专用发票的使用和管理 ……………………… 46
 ◇ 第3堂 其他普通发票的使用和管理 ………………………… 51

第4天 "营改增"纳税业务入门知识 ……………………………… 55
 ◇ 第1堂 认识"营改增" ……………………………………… 55
 ◇ 第2堂 "营改增"征税范围的认定 ………………………… 60
 ◇ 第3堂 "营改增"的会计处理 ……………………………… 64

第5天 增值税纳税业务入门知识 …………………………………… 67
 ◇ 第1堂 认识增值税 …………………………………………… 67

◇ 第 2 堂　增值税的纳税人和征税范围 …………………………… 70
◇ 第 3 堂　增值税计税方法和税额计算 …………………………… 74
◇ 第 4 堂　增值税纳税申报与税务处理 …………………………… 81

第 6 天　营业税纳税业务入门知识 …………………………………… 94

◇ 第 1 堂　认识营业税 ……………………………………………… 94
◇ 第 2 堂　营业税的纳税人和征税范围 …………………………… 95
◇ 第 3 堂　营业税的计税依据和税额计算 ………………………… 98
◇ 第 4 堂　营业税的纳税申报与缴纳 …………………………… 102

第 7 天　企业所得税纳税业务入门知识 …………………………… 110

◇ 第 1 堂　认识企业所得税 ……………………………………… 110
◇ 第 2 堂　企业所得税纳税人和征税范围 ……………………… 111
◇ 第 3 堂　企业所得税计税方法和税额计算 …………………… 114
◇ 第 4 堂　企业所得税纳税申报与税务处理 …………………… 117

第 8 天　消费税纳税业务入门知识 ………………………………… 125

◇ 第 1 堂　认识消费税 …………………………………………… 125
◇ 第 2 堂　消费税的纳税人和征税范围 ………………………… 130
◇ 第 3 堂　消费税税额计算和税务处理 ………………………… 132
◇ 第 4 堂　消费税纳税申报与缴纳 ……………………………… 136

第 9 天　出口退税纳税业务入门知识 ……………………………… 140

◇ 第 1 堂　认识出口退税 ………………………………………… 140
◇ 第 2 堂　出口退税的纳税人和征税范围 ……………………… 142
◇ 第 3 堂　出口退税额计算和税务处理 ………………………… 146
◇ 第 4 堂　出口退税纳税申报和缴纳 …………………………… 152

第 10 天　其他税纳税业务入门知识 ………………………………… 155

◇ 第 1 堂　个人所得税纳税入门知识 …………………………… 155

◇ 第2堂　印花税纳税入门知识 …………………………………… 167
◇ 第3堂　车船税纳税入门知识 …………………………………… 174
◇ 第4堂　土地增值税纳税入门知识 ……………………………… 180
◇ 第5堂　城镇土地使用税纳税入门知识 ………………………… 186
◇ 第6堂　房产税纳税入门知识 …………………………………… 191
◇ 第7堂　城建税和教育费附加纳税入门知识 …………………… 194

第1天　税务和纳税入门知识

◇ 第1堂　认识税收和税法

一、什么是税收

税收是国家为满足社会公共需要，凭借公共权力，按照法律所规定的标准和程序，参与国民收入分配，强制地、无偿地取得财政收入的一种方式。马克思曾指出："赋税是政府机器的经济基础，而不是其他任何东西"，"国家存在的经济体现就是捐税"。同时，恩格斯也指出："为了维持这种公共权力，就需要公民缴纳费用——捐税。"在19世纪，美国大法官霍尔姆斯说："税收是我们为文明社会付出的代价。"以上观点说明了税收对于国家经济生活和社会文明有着重要作用。

对于税收的内涵我们也可以从以下四个方面解释：

（1）满足社会成员获得公共产品的需要是国家征税的目的。

（2）国家征税凭借的是公共权力（政治权力）。

税收征收的主体只能是代表社会全体成员行使公共权力的政府，其他任何社会组织和个人是无权征税的。与公共权力相对应的必然是政府管理社会和为民众提供公共产品的义务。

（3）税收是国家筹集财政收入的主要方式。

（4）税收必须借助法律形式进行。

虽然国家取得财政收入的手段有很多，例如税收、发行国债、发行货币等，但因税收是由政府征收的取之于民、用之于民的财政收入，所以在某种程度上决定了税收的基本特征是无偿性、强制性、固定性（简称"三性"）。不仅如此，税收"三性"更是一个完整的体系，它们相辅相成、缺一不可。下面做一下具体介绍。

1. 无偿性

税收的无偿性是指社会成员与社会集团通过纳税，将其一部分收入转入国家所有，在此过程中，国家不向纳税人支付任何报酬或者代价。

税收的无偿性是与国家凭借政治权力进行收入分配的本质联系在一起的。无偿性主要体现在两个方面：一是政府征得的税收不再返还给纳税人；二是政府在获得税收收入后不再向纳税人直接支付报酬。税收的无偿性是税收的本质体现，它所反映的是一种社会产品所有权、支配权的转移关系，而不是等价交换的关系。税收的无偿性是区分税收收入和其他财政收入形式的重要特征。

2. 强制性

税收的强制性是指税收是国家以管理者的身份，凭借政权的力量，通过颁布法律进行强制性征收。负有纳税义务的社会成员和社会集团，都需要遵守国家强制性的税收政令。在国家法律规定的范围内，纳税人依法纳税，否则就要受到相关法律的制裁。强制性特征主要体现在两个方面：一方面是税收的征收过程具有强制性，即如果出现了税务违法行为，国家可以依法进行处罚；另一方面是税收分配关系的建立具有强制性，即税收征收完全是凭借国家拥有的政治权力。

3. 固定性

税收的固定性是指税收是按国家法律所规定的标准征收的，即纳税人、课税对象、税目、税率、计价办法和期限等，都是税法预定好的。对于税收预先规定的标准，征税单位和纳税人双方都需要遵守这样的规定，非经国家法律修订，征纳双方不得违背或改变这个固定的比例。

二、纳税人的权利和义务有哪些

纳税人的权利是指纳税人在依法履行纳税义务时，由法律确认、保障与尊重的权利和利益，以及当纳税人的合法权益受到侵犯时，纳税人所应获得的救助与补偿权利。为了方便纳税人了解纳税过程中所享有的权利和应尽的义务，帮助纳税人及时、准确地完成纳税事宜，促进纳税人与税务机关在税收征纳过程中的合作，2009年11月，国家税务总局专门下发了《国家税务总局关于纳税人权利与义务的公告》，对纳税人应该享有的权利和应尽的义务进行公告。按照我国现行税法规定，纳税人以及扣缴义务人（以下统称"纳税人"）的权利主要包括以下方面：

1. 知情权

纳税人有权向税务机关了解国家税收法律、行政法规的规定以及与纳税程序有关的情况，享有被告知与自身纳税义务有关信息的权利。纳税人的知情权主要包括：现行税收法律、行政法规和税收政策规定；办理税收事项的时间、方式、步骤以及需要提交的资料；应纳税额核定及其他税务行政处理决定的法律依据、事实依据和计算方法；与税务机关在纳税、处罚和采取强制执行措施时发生争议或纠纷时，纳税人可以采取的法律救济途径及需要满足的条件。

2. 保密权

纳税人有权要求税务机关对其商业秘密及个人隐私保密。包括纳税人的技术信息、经营信息和纳税人、主要投资人以及经营者不愿公开的个人事项。上述事项，如无法律、行政法规明确规定或者纳税人的许可，税务机关将不得对其他部门、社会公众和个人提供。但根据法律规定，税收违法行为信息不属于保密范围。

3. 税收监督权

纳税人有权控告和检举税务机关、税务人员的违法违纪行为，如索贿受贿、徇私舞弊、玩忽职守，不征或者少征应征税款，滥用职权多征税款或者故意刁难纳税人等。同时，纳税人也有权检举其他纳税人的税收违法行为。

4. 纳税申报方式选择权

纳税人可以直接到办税服务厅办理纳税申报或者报送代扣代缴、代收代缴税款报告表，也可以按照规定采取邮寄、数据电文或者其他方式办理上述申报、报送事项。但采取邮寄或数据电文方式办理上述申报、报送事项的，需经主管税务机关批准。

纳税人如采取邮寄方式办理纳税申报，应当使用统一的纳税申报专用信封，并以邮政部门收据作为申报凭据。邮寄申报以寄出的邮戳日期为实际申报日期。

数据电文方式是指税务机关确定的电话语音、电子数据交换和网络传输等电子方式。纳税人如采用电子方式办理纳税申报，应当按照税务机关规定的期限和要求保存有关资料，并定期书面报送给主管税务机关。

5. 申请延期申报权

纳税人不能按期办理纳税申报或者报送代扣代缴、代收代缴税款报告表的，应当在规定的期限内向税务机关提出书面延期申请，经核准，可在核准的期限内办理。经核准延期办理申报、报送事项的，应当在税法规定的纳税期内按照上期实际缴纳的税额或者税务机关核定的税额预缴税款，并在核准的延长期限内办理税款结算。

6. 申请延期缴纳税款权

纳税人因有特殊困难，不能按期缴纳税款的，经省、自治区、直辖市国家税务局、地方税务局批准，可以延期缴纳税款，但是最长不得超过三个月。这里所指的特殊困难主要是指：

（1）因不可抗力，导致纳税人发生较大损失，正常生产经营活动受到较大影响的。

（2）当期货币资金在扣除应付职工工资、社会保险费用后，不足以缴纳税款的。

纳税人满足以上任何一个条件即可以申请延期缴纳税款，税务机关应当自收到申请延期缴纳税款报告之日起20日内作出批准或者不予批准的决定；不予批准的，从缴纳税款期限届满之日起加收滞纳金。

7. 申请退还多缴税款权

纳税人超过应纳税额缴纳的税款，税务机关发现后应当立即退还；纳税人自结算缴纳税款之日起三年内发现的，可以向税务机关要求退还多缴的税款并加算银行同期存款利息，税务机关及时查实后应当立即退还；涉及从国库中退库的，依照法律、行政法规有关国库管理的规定退还。税务机关发现纳税人多缴纳税款的，应当自发现之日起10日内办理退库；纳税人发现多缴税款的，税务机关应当自接到纳税人退还申请之日起30日内查实并办理退库手续。

8. 依法享受税收优惠权

纳税人依法享有申请减税、免税、退税的权利，即纳税人有权根据法律、行政法规的规定向税务机关申请享受税收优惠的权利。但必须按照法定程序进行申请、审批。减税、免税期满，纳税人应当自期满次日起恢复纳税。减税、免税条件发生变化的，应当自发生变化之日起15日内向税务机关报告；不再符合减税、免税条件的，应当依法履行纳税义务。

纳税人享受的税收优惠需要备案的，应当按照税收法律、行政法规和有关政策规定，及时办理事前或事后备案。

9. 委托税务代理权

纳税人可以委托税务代理人代为办理以下事项：办理、变更或者注销税务登记，除增值税专用发票（以下简称"专用发票"）外的发票领购手续，纳税申报或扣缴税款报告，税款缴纳和申请退税，制作涉税文书，审查纳税情况，建账建制，办理财务，税务咨询，申请税务行政复议，提起税务行政诉讼以及国家税务总局规定的其他业务。按规定必须由纳税人自行办理的其他税务事宜，税务代理人不得办理。

10. 陈述与申辩权

纳税人对税务机关所作出的行政处罚决定，享有陈述权、申辩权。

陈述权是指纳税人对税务机关做出的决定所享有的陈述自己意见的权利。申辩权是指纳税人对税务机关作出的决定所主张的事实、理由和依据享有申诉和解释说明的权利。如果纳税人有充分的证据证明自己的行为合法，税务机关就无权对其实行行政处罚，即使纳税人的陈述或申辩不充分合理，税务机关也应当解释其行政处罚行为的原因，并将纳税人的陈述内容和申辩理由记录在案，以便在行政复议或司法审查过程中能有所依据。

11. 对未出示税务检查证和税务检查通知书的拒绝检查权

纳税人在接受税务检查时，有权要求检查人员出示税务检查证和税务检查通知书，未出示税务检查证和税务检查通知书的，纳税人有权拒绝检查。

12. 税收法律救济权

纳税人对税务机关作出的决定，依法享有申请行政复议、提起行政诉讼、请求国家赔偿等权利。

纳税人、纳税担保人与税务机关在纳税上发生争议时，必须先依照税务机关的纳税决定缴纳或者解缴税款及滞纳金，或者提供相应的担保，然后可以依法申请行政复议；对行政复议决定不服的，可以依法向人民法院起诉。如对处罚决定、强制执行措施或者税收保全措施不服的，可以依法申请行政复议，也可以依法向人民法院起诉。

当税务机关的职务违法行为给纳税人和其他税务当事人的合法权益造成侵害时，纳税人和其他税务当事人可以要求税务行政赔偿。主要包括：一是纳税人在限期内已缴纳税款，税务机关未立即解除税收保全措施，使纳税人的合法权益遭受损失的；二是税务机关滥用职权违法采取税收保全措施、强制执行措施或者采取税收保全措施、强制执行措施不当，使纳税人或者纳税担保人的合法权益遭受损失的。

13. 依法要求听证的权利

在对纳税人作出规定金额以上罚款的行政处罚之前，税务机关会向纳税人送达《税务行政处罚事项告知书》，告知纳税人已经查明的违法事实、证据、行政处罚的法律依据和拟将给予的行政处罚。对此，纳税人有权要求举行听证。税务机关应组织听证。如纳税人认为税务机关指定的听证主持人与本案有直接利害关系，有权申请主持人回避。

对应当进行听证的案件，税务机关不组织听证，行政处罚决定不能成立，但纳税人放弃听证权利或者被正当取消听证权利的除外。

14. 索取有关税收凭证的权利

税务机关征收税款时，必须给纳税人开具完税凭证。扣缴义务人代扣、代收税款时，纳税人要求扣缴义务人开具代扣、代收税款凭证时，扣缴义务人应当开具。

税务机关扣押商品、货物或者其他财产时，必须开付收据；查封商品、货物或者其他财产时，必须开付清单。

"没有无权利的义务，也没有无义务的权利"。纳税人的权利和义务是均衡的，依照宪法、税收法律和行政法规的规定，纳税人在纳税过程中负有以下义务：

1. 依法进行税务登记的义务

纳税人应当自领取营业执照之日起 30 日内，持有关证件，向税务机关申报办理税务登记。税务登记主要包括领取营业执照后的设立登记，税务登记内容发生变化后的变更登记，依法申请停业、复业登记，依法终止纳税义务的注销登记等。

在各类税务登记管理中，纳税人应该根据税务机关的规定分别提交相关资料，及时办理。同时，纳税人应当按照税务机关的规定使用税务登记证件。税务登记证件不得转借、涂改、损毁、买卖或者伪造。

2. 依法设置账簿、保管账簿和有关资料以及依法开具、使用、取得和保管发票的义务

纳税人应当按照有关法律、行政法规和国务院财政、税务主管部门的规定设置账簿，根据合法、有效凭证记账，进行核算；从事生产、经营的，必须按照国务院财政、税务主管部门规定的保管期限保管账簿、记账凭证、完税凭证及其他有关资料；账簿、记账凭证、完税凭证及其他有关资料不得伪造、变造或者擅自

损毁。

此外，纳税人在购销商品、提供或者接受经营服务以及从事其他经营活动中，应当依法开具、使用、取得和保管发票。

3. 财务会计制度和会计核算软件备案的义务

纳税人的财务、会计制度或者财务、会计处理办法和会计核算软件，应当报送税务机关备案。纳税人的财务、会计制度或者财务、会计处理办法与国务院或者国务院财政、税务主管部门有关税收的规定相抵触的，应依照国务院或者国务院财政、税务主管部门有关税收的规定计算应纳税款、代扣代缴和代收代缴税款。

4. 按照规定安装、使用税控装置的义务

国家根据税收征收管理的需要，积极推广使用税控装置。纳税人应当按照规定安装、使用税控装置，不得损毁或者擅自改动税控装置。如纳税人未按规定安装、使用税控装置，或者损毁、擅自改动税控装置的，税务机关将责令纳税人限期改正，并可根据情节轻重处以规定数额内的罚款。

5. 按时、如实申报的义务

纳税人必须依照法律、行政法规规定或者税务机关依照法律、行政法规的规定确定的申报期限、申报内容如实办理纳税申报，报送纳税申报表、财务会计报表以及税务机关根据实际需要要求纳税人报送的其他纳税资料。

扣缴义务人必须依照法律、行政法规规定或者税务机关依照法律、行政法规的规定确定的申报期限、申报内容如实报送代扣代缴、代收代缴税款报表以及税务机关根据实际需要要求扣缴义务人报送的其他有关资料。

纳税人即使在纳税期内没有应纳税款，也应当按照规定办理纳税申报。享受减税、免税待遇的，在减税、免税期间应当按照规定办理纳税申报。

6. 按时缴纳税款的义务

纳税人应当按照法律、行政法规规定或者税务机关依照法律、行政法规的规定确定的期限，缴纳或者解缴税款。

未按照规定期限缴纳税款或者未按照规定期限解缴税款的，税务机关除责令限期缴纳外，从滞纳税款之日起，按日加收滞纳税款万分之五的滞纳金。

7. 代扣、代收税款的义务

法律、行政法规规定负有代扣代缴、代收代缴税款义务的扣缴义务人，必须依照法律、行政法规的规定履行代扣、代收税款的义务。扣缴义务人依法履行代扣、代收税款义务时，纳税人不得拒绝。纳税人拒绝的，扣缴义务人应当及时报告税务机关处理。

8. 接受依法检查的义务

纳税人、扣缴义务人有接受税务机关依法进行税务检查的义务，应主动配合税务机关按法定程序进行的税务检查，如实地向税务机关反映自己的生产经营情况和执行财务制度的情况，并按有关规定提供报表和资料，不得隐瞒和弄虚作假，不能阻挠、刁难税务机关及其工作人员的检查和监督。

9. 及时提供信息的义务

纳税人除通过税务登记和纳税申报向税务机关提供与纳税有关的信息外，还应及时提供其他信息。如纳税人有歇业、经营情况变化、遭受各种灾害等特殊情况的，应及时向税务机关说明，以便税务机关依法妥善处理。

10. 报告其他涉税信息的义务

为了保障国家税收能够及时、足额征收入库，税收法律还规定了纳税人有义务向税务机关报告如下涉税信息：

第一，纳税人有义务就与关联企业之间的业务往来，向当地税务机关提供有关价格、费用标准等资料。纳税人有欠税情形而以财产设定抵押、质押的，应当向抵押权人、质押权人说明欠税情况。

第二，企业合并、分立的报告义务。纳税人有合并、分立情形的，应当向税务机关报告，并依法缴清税款。合并时未缴清税款的，应当由合并后的纳税人继续履行未履行的纳税义务；分立时未缴清税款的，分立后的纳税人对未履行的纳税义务应当承担连带责任。

第三，报告全部账号的义务。如纳税人从事生产、经营，应当按照国家有关规定，持税务登记证件，在银行或者其他金融机构开立基本存款账户和其他存款账户，并自开立基本存款账户或者其他存款账户之日起15日内，向主管税务机关书面报告全部账号；发生变化的，应当自变化之日起15日内，向主管税务机关书面报告。

第四，处分大额财产报告的义务。如纳税人的欠缴税款数额在5万元以上，处分不动产或者大额资产之前，应当向税务机关报告。

三、税收和税法有什么关系

在我国，税法的相关文字记载可追溯到夏朝，此后又在历史的沉淀中不断得到革新与完善。中国于1950年建立了税法，后经过多次的调整和规范，终于确定了以征税对象为基准的税法制度。

税法是国家制定的用以调整国家与纳税人之间在征税方面的权利及义务关系的法律规范的总称，是国家向纳税人征税和纳税人向国家缴税的法律依据，它是由税收实体法、税收程序法、税收争讼法等各种税收法律的规范所构成的法律体系。

税法的特征主要表现在两方面：一是义务性法规；二是综合性法规。

下面就综合税收与税法的特征，简单阐述一下税法与税收的关系。

税收的本质特征具体体现为税收制度，其"三性"是由税收的本质决定的，是税收本质属性的外在表现，是区别税与非税的外在尺度和标志。而税法则是税收制度的法律表现形式。可见，税收与税法是密不可分的，概括地说，就是有税必有法，有法必有税。

四、税法的基本原则有哪些

税法有着自身的原则，并根据这些原则实施税法效力。税法的基本原则如表1-1所示。

表1-1 税法的基本原则

两类原则	具体原则	要点
税法的原则	1. 税收法定原则	内容包括税务合法性原则与税收要件法定原则
	2. 税收公平原则	税收的负担需依照纳税人的负担能力进行分配，负担能力相等则税负相同
	3. 税收效率原则	指利用较少的人力、物力、财力消耗取得较多的税收收入，并通过税收分配让资源达到合理配置
	4. 实质课税原则	应根据客观事实确定是不是符合课税条件，并根据纳税人实际的负担能力确定纳税人税负的多少，而不能仅考虑相关外观和外形
税法的使用原则	1. 法律优位原则	(1) 含义：法律的效力较行政立法的效力高 (2) 作用：主要表现在不同等级税法的关系处理上 (3) 效力低的税法与效力高的税法发生冲突时，效力低的税法则是无效的
	2. 法律不溯及既往原则	(1) 含义：新税法实施之后，新税法实施之前人们的行为不得适用新法，只能继续适用旧法 (2) 目的：维护税法的可预测性与稳定性

续表

两类原则	具体原则	要 点
税法的使用原则	3. 新法优于旧法原则	(1) 含义：对于同一事项，新法、旧法有不同的观点时，新法的效力优于旧法 (2) 作用：避免因为税法修订使新法、旧法对同一事项有不同的规定而为法律的适用带来一定的麻烦
	4. 特别法优于普通法原则	(1) 含义：对同一事项两部法律存在一般和特别规定的区别，特别规定的效力较一般规定的效力高 (2) 应用：特别法地位级别较低的税法的效力可以高于作为普通法的级别较高的税法
	5. 实体从旧、程序从新原则	(1) 实体税法不具备溯及力 (2) 在特定条件下，程序性税法具备一定的溯及力
	6. 程序优于实体原则	(1) 含义：在诉讼发生时，程序法优于税收实体法适用 (2) 目的：保证国家课税法的实现，不因为发生争议而对税款的及时、足额入库造成影响

五、我国现行的企业税种有哪些

税种是"税收种类"的简称，其主要构成要素包括纳税人、征税对象、税率、税目、缴纳方法、纳税环节、纳税期限、减税、免税及违章处理等。区别税种与税收的最主要标志是征税对象和纳税人的不同，而这也是税种名称的来源。目前我国税收分为流转税、所得税、资源税、财产税、行为税五大类，共20多种（如图1-1和表1-2所示）。

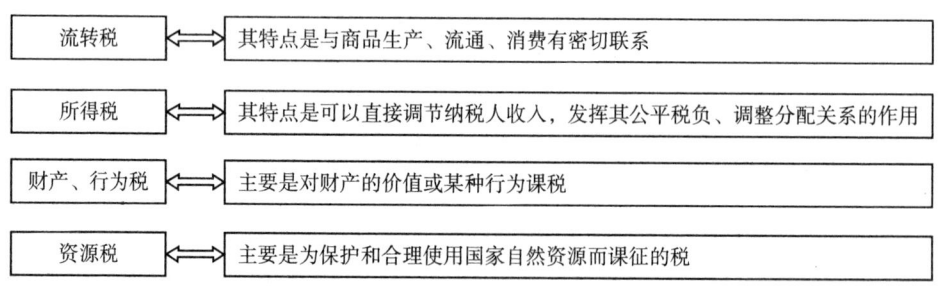

图1-1 我国税种的主要分类及其作用

表1-2 税种分类

主要税种	流转税类（间接税）	包括增值税、消费税、营业税、关税等
	所得税类（直接税）	包括企业所得税、个人所得税等
非主要税种	财产和行为税类	包括房产税、车船税、印花税、契税等
	资源税类	包括资源税、土地增值税、城镇土地使用税等

◇ 第2堂 税收的构成要素

一、什么是纳税义务人

纳税义务人简称纳税人，是税法中规定的负有直接纳税义务的个人或单位，也叫做"纳税主体"。不管征收什么税，其税负必定会由相关的纳税人来承担。单位或个人是不是可以成为纳税义务人，关键取决于国家税法规定的单位或个人所处的经济地位。

纳税义务人作为缴纳税款的主体，主要包括法人、个体工商户和自然人。

法人主要是指依法成立，可以对财产进行独立支配，并能以自己的名义享受民事权利和承担民事义务的社会组织。在中国，一些享有独立预算的事业单位和国家机关，各种实行独立核算的企业，各种享有独立经费的社会组织等都是法人。其中，企业是最主要的纳税人。这里所说的企业，是指从事服务、流通或生产等活动并且实行独立核算的经济团体，它可以是各种性质的企业，也可以是工厂、商店。法人作为纳税人，必须依法纳税，否则就会受到法律的制裁，如罚款、加收滞纳金等。纳税人在履行义务时，也享有权利，如依法要求税务部门为自己的经济活动保密的权利，依法享受减免税、申请行政复议和诉讼的权利等。

个体工商户主要指具有一定的经营管理能力，且依照《个体工商户条例》的相关规定经工商行政管理部门登记，进行工商业经营的公民。《个体工商户条例》第二条第一款规定："有经营能力的公民，依照本条例规定经工商行政管理部门登记，从事工商业经营的，为个体工商户。"

自然人主要是指依法享有民事权利，而且承担民事义务的公民个人。不论成年人或未成年人，本国人或外国人，均属自然人。自然人是纳税人的重要组成部分。

二、什么是课税对象

课税对象又叫做征税对象，是税法中规定的征税客体，是国家征税的依据。对课税对象进行规定，解决对什么征税的这一问题。

与纳税人相比，课税对象是第一性的。凡拥有课税对象或发生了课税行为的单位和个人，才可能成为纳税人。再比如税率这一要素，也是以课税对象为基础确定的。对于税率来说，由于其本身就表示对课税对象征税的数额与比率，因此没有课税对象，就没有办法确定税率。除此之外，以课税对象为基础确定的还有纳税环节、减税免税等。

三、什么是计税依据

计税依据又称税基，主要是指国家税法规定的计算各种各样的应征税款的衡量标准。准确地掌握计税依据，是税务机构贯彻与执行相关的政策，保障国家财政收入的重要环节，也是纳税人正确纳税、合理负税的重要标志。

课税对象与计税依据之间有着千丝万缕的联系。课税对象是指征税目标，计税依据就是在确定此目标的情况下，对目标据以计算税款的依据或标准；课税对象主要从质的方面对征税进行相关规定，而计税依据则是从量的方面对征税进行相关规定，是对于课税对象"量"的表现形式。

1. 计税依据的类型

（1）从价计征。从价计征的计税依据是课税对象的自然数量与单位价格的乘积。一般情况下，用这种方法计征税款的税种叫做从价税。

（2）从量计征。从量计征的计税依据是课税对象的自然实物量，按照现行税法规定的计量标准计算。一般情况下，用这种方法计征税款的税种叫做从量税。例如，中国的资源税，对天然气以实际销售数量为计税依据，税法规定的计量标准是"千立方米"；对原油以实际产量为计税依据，税法规定的计量标准为"吨"。

（3）从量从价复合计征。从量从价复合计征的计税依据是征税对象的价格和数量。

（4）计税依据的特殊规定。所谓"特殊规定"，主要针对的是那些经营商品种较为特殊的纳税人。

2. 计税依据与课税对象的关系

因计税依据是课税对象的数量表现，所以二者存在着紧密联系。计税依据与课税对象虽然都是课税客体的反映，但二者需要解决的问题不同。课税对象解决的是要对什么征税的问题，计税依据则是在确定课税对象后，解决怎样计量的问题。对于少数税种来说，计税依据与课税对象一致，例如对商业企业征收的营业税，计税依据是营业额，课税对象也是营业额。但对于多数税种来说，课税对象与计税依据是不一致的，如中国的房产税的课税对象是应税房产，计税依据有两种，一种是房产出租的，其计税依据是房产租金收入；另一种是自用房产，其计税依据是房产原值一次减除10%~30%后的余值计算缴纳。

3. 计税依据的构成

(1) 计税单位。计税单位作为课税对象的计量单位，亦叫做"课税单位"。一般情况下，计税单位可以分为两类，一类是以实物量度为计税单位，另一类是以货币量度为计税单位。前者是以实物的自然度量单位作为计税依据，如中国现行的车船使用税以"辆"或"吨位"为计税单位等。后者是以某种本位币的货币单位作为计税依据，如中国现行的营业税、增值税与各种所得税等。

(2) 计税标准。计税标准是计税依据的特定计量标准，或者说是课税对象的计算征收标准。例如，原房地产税的"标准房价"、"标准地价"、"标准租金"，原货物税的"市场平均批价"、"国营批发牌价"，农业税以常年产量为计税标准等。

(3) 计税价格。所谓计税价格，就是指课税对象在计算应征税额的过程中所使用的价格。例如，消费税的计税价格是出卖产品的销售价格，进口关税的计税价格是到岸价格等。

流转税的计税基础是计税价格。通常情况下，流转税是以产品的销售价格作为依据计算应纳税额的，所以流转税中的计税价格与应纳税额之间存在着密切联系。在税率一定的条件下，计税价格与应纳税额以正比形式同增同减。

此外，计税价格还存在含税价格和不含税价格两种形式。

① 含税价格。含税价格是指包含税金在内的劳务或商品的销售价格。其计算公式为：

含税价格 = 成本 + 利润 + 税金

其中，"税金"指企业为劳务或产品定价时，事先根据国家税法的相关规定计算并将其嵌入价格中无偿征收的货币或资源的总称。当劳务或产品售出后，国家通常以含税价格为计税基础，用含税价格乘以税率作为应纳税金。如果作为计税基础的价格本应含税却未含税的，应该将其换算成含税价格。如果一种劳务或商品以含税价格对外销售，则销售该劳务或商品的企业或个人在成功销售的同时，包含在销售价格中的税金就一同实现了，该税金就应及时交给税务机关。

②不含税价格。不含税价格指不包含税金在内的劳务或商品的销售价格，即价格由成本和利润组成且不包含税金。其计算公式为：

不含税价格 = 成本 + 利润

通常情况下，以下三种情况的商品销售价格中是不含税的：一是实行价外税制度；二是国家规定对该产品不征税；三是国家对该产品免税。第一种情况一般适用于增值税或从量定额计征的税种；后两种情况一般适用于除增值税以外的流转税。

另外，关于计税价格的特殊计算，国家也给予了特殊的规定，如此，"组成计税价格"这一名词就出现了。所谓组成计税价格，指的是将不符合税法规定的价格转换成符合税法规定的计税价格。虽然税收制度对于计税价格有明文规定，但在一些情况下，商品的价格与计税价格的要求并不相符，因而要通过计算，使其达到计税价格的要求。其计算公式为：

组成计税价格 = （成本 + 利润）÷（1 - 适用税率）

一般情况下，组成计税价格是将不含税价格转化为含税价格。但如果一种商品的销售价格已含税，但是税法规定必须依照不含税的计税价格计算应纳税金，则须将含税价格转换为不含税价格。其计算公式为：

不含税价格 = 含税价格 ÷（1 + 适用税率）

四、什么是税目

税目是对于课税对象的具体化，所反映的是具体的征税范畴，代表征税的广度。例如，消费税的税目包括烟、酒等 14 个税目。当然，并非所有的税种都有具体的税目规定，譬如房产税、屠宰税等这些税种的征税对象相对明确、简单，并没有规定具体的税目。

国家税法之所以规定税目，是因为其具有两方面的内容：一是体现征税广度，明确征税范围，凡属于列举税目之内的收入或产品均为课税对象，反之则为非课税对象；二是对具体的征税项目进行界定和归类，且因税目的不同确定差别税率，体现国家税收政策。

五、什么是税率

税率是应缴纳税额与纳税对象之间的比例关系，是计算税额的标尺，代表着课税的深度，体现国家的收入多少与纳税人的负担程度。其实，税率是一个总体的概念，在实际操作中主要分为以下三种形式：

第一种形式为定额税率。定额税率是按照征税对象的一定计量单位规定固定的税额，而不是规定征收比例的一种税率制度。定额税率一般适用于从量计征的税类，在具体运用过程中又要进行具体的划分，如幅度定额税率、分类分级定额税率、地区差别定额税率等。

第二种形式为比例税率。比例税率是指对同一税目或同一征税对象征收税额时，不管应税数额多少只按照一个比例征税的税率。在具体运用过程中，比例税率又可细分为产品比例税率、统一比例税率、行业比例税率、幅度比例税率、地方差别比例税率等。

第三种形式为累进税率。累进税率是指征税随着对象数额的增大而不断提高的一种税率。它将征税对象的数额按照大小分为不同等级，对每个等级由低到高制定出相应的税率，征税对象数额越大税率越高，反之亦然。因计算方法和累进依据的不同，累进税率又分为超倍累进税率、全额累进税率、超额累进税率和超率累进税率等。其中，应用较多和使用时间较长的是超额累进税率。

超额累进税率指依照征税对象的绝对数额划分征税级距，纳税人征税对象的全部数额中符合不同级距部分的数额，分别按照与之相适应的税率计征的一种累进税率。超额累进税率对每个等级分别规定税率，分别计算税额，各级税额之和就是应纳税额。简单地说，就是一定数量的征税对象可同时按照几个等级的税率计征，当征税对象的数额高于某个等级的时候，仅就超过部分按高一级税率计算税额。

此外，税率的特殊形式还有加成与附加。加成是加成征税的简称，是对特定纳税人的一种加税措施，加1成即增加税额的10%，其余以此类推。附加是地方附加的简称，是地方政府在正税之外附加征收的一部分税款。

六、什么是纳税环节

国家税法中明文规定的课税对象从生产到消费的过程中应该缴纳的税款环节叫做纳税环节。通常情况下，纳税环节具有广义与狭义之分。从广义上来说，纳税环节意为全部课税对象在再生产的过程中的具体分布情况。从狭义上来说，纳税环节意为应税商品在流转中应该缴纳税款的环节，是商品课税中的特殊概念。

在商品经济的条件下，商品从生产到消费所经过的环节越来越多。这些环节都存在商品流转额，所以都能成为纳税环节。可是，为了促进经济的发展、保证财政收入、更好地发挥税收的作用，国家会根据课税对象种类的不同确定不同的纳税环节。通常情况下，国家依照纳税环节的多少，将税收课征制度分为两大类：第一类是一次课征制。所谓"一次课征制"是指同一税种在商品流转的过程中只选择某一环节课征的制度。实行一次课征制，可以在一定程度上避免重复课征与税款流失。第二类是多次课征制。所谓"多次课征制"是指同一税种在商品流转过程之中至少选择两个环节课征的制度。

可是，不管选择一次课征制，还是选择多次课征制，都要遵循"税源集中、征收方便"的原则，以此保证国家的财政收入，加强税收的征收管理和监督，而这也是国家对纳税环节做出规定的原因。

七、什么是纳税期限

通常情况下，纳税人在向国家缴纳税款时都具有一定的法定期限，而这一法定期限就称为"纳税期限"。国家征收的每一种税都具备一定的纳税期限。合理确定和严格执行纳税期限，是国家财政收入稳定的重要保证。

根据我国现行税法的规定，纳税期限主要分为两种：一是以次为期，也就是以纳税人生产经营活动的次数作为纳税期限；二是按期，也就是以纳税人发生纳税义务的一定时间期限作为纳税期限。具体的纳税期限，一般是在纳税人办理纳税登记之后，由税务机关根据税务登记的具体情况进行核定。纳税期限一旦确定，就具备了一定的法律效力，所以征纳双方都要遵守。

一般来说，纳税期限会因为税种性质与纳税人情况的不同而有所不同。相关因素如下：

1. 税种的性质

不同性质的税种的纳税期限不同，比如，个人所得税是按月或按次征收，而企业所得税是按季预缴，年终汇算清缴。

2. 应纳税额的大小

对于同一种税而言，如果纳税人的生产规模大，那么应纳税额多，纳税期限就短；反之，则纳税期限长。

3. 交通条件

交通便利，方便到银行缴款的，纳税期限就短，反之，纳税期限就长。

八、什么是减税、免税

减税、免税是对特殊纳税人群与课税对象的照顾措施。减税是指从原本应征税款中减少部分税款；免税是指对按照规定应征收的税款全部免除。减税、免税规定是为了解决按税制规定的税率征收时无法解决的问题而采取的一种有效措施，是在一定时期之内赋予纳税人的一种优惠。

任何税收制度都会将减税、免税的内容涵盖在内，这是由税收的固定性特征所决定的。可以说，它在一定程度上决定了税法的一般规定虽然可以进行普遍性、一般性的调节，但却很难适应千差万别、不断发展变化的客观经济情况。而减税、免税的特点就是它们能够根据经济发展的客观要求，对特定的课税对象和纳税人在特定时期内所采取的灵活对策。因此，在税率既定的情况下，辅之减税、免税，有助于将税收的统一性与灵活性完美地结合起来，更好地贯彻落实国家的税收政策，充分发挥税收的杠杆作用。

第2天　企业税务办理的基本程序

◇ 第1堂　企业税务登记

一、税务登记的概念和相关规定

税务登记是指纳税人为依法履行纳税义务，就有关纳税事宜依法向税务机关办理登记的一种法定手续。税务登记是整个税收征管的首要环节，是税务机关对纳税人的生产经营进行登记管理的一项基本制度，也是纳税人已经纳入税务机关监督管理的一项证明。纳税人必须按照税法规定的期限办理开业税务登记、变更税务登记或注销税务登记。

根据《税收征管法》第十五条，《税收征管法实施细则》第十二条，《税务登记管理法》第十三条、第十四条、第十五条以及《国家税务总局关于换发税务登记证件的通知》（国税发［2006］38号）的相关规定，企业以及设在外地的分支机构和从事生产经营的场所，个体工商户和从事生产、经营的事业单位（以下统称"从事生产、经营的纳税人"），向生产、经营所在地税务机关申报办理税务登记。具体规定如下：

（1）从事生产、经营的纳税人，领取了工商营业执照（含临时工商营业执照）的，应当自领取工商营业执照之日起30日内申报办理税务登记，税务机关核发税务登记证及副本（纳税人领取临时工商营业执照的，税务机关核发临时税务登记证及副本）。

（2）从事生产、经营的纳税人，未办理工商营业执照但经有关部门批准设立的，应当自有关部门批准设立之日起30日内申报办理税务登记，税务机关核发税务登记证及副本。

（3）从事生产、经营的纳税人，未办理工商营业执照也未经有关部门批准设立的，应当自纳税义务发生之日起30日内申报办理设立税务登记，税务机关核发临时税务登记证及副本。

（4）有独立生产经营权、在财务上独立核算并定期向发包人或者出租人上交承包费或租金的承包承租人，应当自承包承租合同签订之日起30日内，向其承包承租业务发生地税务机关申报办理设立税务登记，税务机关核发临时税务登记证及副本。

（5）从事生产、经营的纳税人外出经营，自其在同一县（市）实际经营或提供劳务之日起，在连续的12个月内累计超过180天的，应当自期满之日起30日内，向生产、经营所在地税务机关申报办理设立税务登记，税务机关核发临时税务登记证及副本。

（6）境外企业在中国境内承包建筑、安装、装配、勘探工程和提供劳务的，应当在项目合同或协议签订之日起30日内，向项目所在地税务机关申报办理设立税务登记，税务机关核发临时税务登记证及副本。

二、税务登记的一般程序

企业税务登记程序是纳税人（企业）按照相关法律法规的规定，在规定期限内向税务机关提出税务登记申请，领取并填写"税务登记表"、"纳税人税种登记表"的过程。当然，符合增值税一般纳税人（以下简称"一般纳税人"）、金银首饰消费税纳税人、社会福利企业、校办企业等条件的纳税人，除填写以上两个登记表外，还要领取并填写相应的"增值税一般纳税人申请认定表"、"金银首饰消费税纳税人认定登记表"、"社会福利企业证书申请表"、"校办企业资格审查表"等。

纳税人填好以上表格后，将表格提交税务机关，同时应附上以下材料：

（1）工商营业执照或其他核准执业证件。

（2）有关合同、章程、协议书。

（3）组织机构统一代码证书。

（4）注册地址或生产经营场所的相关证明。

（5）法定代表人、负责人或业主的居民身份证、护照或者其他合法证件。

（6）主管税务机关要求提供的其他有关证件、资料。

纳税人提交材料之后，税务机关会对相关材料进行审核。如果材料都符合规定，税务人员将在"税务登记表"中核定有效期限，加盖税务机关公章或税务登记专用章、经办人员签章，最后向纳税人发放"税务登记证"（正、副本）和"税务登记表"等材料。

三、企业开业税务登记的办理

开业税务登记简称"开业登记"或"税务登记"，是指纳税人按照相关法律规定成为纳税人时，依照国家相关法律法规向税务机关办理的税务登记。企业在经过税务登记后可以确认征纳双方的权利与义务。企业办理开业税务登记的具体流程如下：

1. 纳税人开业税务登记应提供的资料

（1）主要登记表及份数。

①"税务登记表（适用单位纳税人）"（一式两份）。

②"联合办证（国税地税统一办理）"（一式三份）。

③"房屋、土地、车船情况登记表"（一式两份）。

④"纳税人税种登记表"（一式两份）。

（2）纳税人应提供的其他证件资料。

①工商营业执照或其他核准执业证件原件及复印件。

②注册地址及生产、经营地址证明（产权证、租赁协议）原件及复印件（如为自有房产，要提供产权证或买卖契约等合法的产权证明原件及其复印件；如为租赁的场所，要提供租赁协议原件及其复印件，出租人为自然人的还须提供产权证明的复印件；如生产、经营地址与注册地址不一致，分别提供相应证明）。

③验资报告或评估报告原件及复印件。

④"组织机构代码证"（副本）及复印件。

⑤有关合同、章程、协议书复印件。

⑥法定代表人（负责人）居民身份证、护照或其他证明身份的合法证件原件及复印件。

⑦土地使用证、船舶行驶证等证件的复印件（自有房产、土地、船舶者提供）。

⑧总机构"税务登记证"（副本）复印件[纳税人跨县（市）设立的分支机构提供]。

⑨有关改组改制的批文原件及复印件（改组改制企业提供）。

⑩商务部门批复设立证书原件及复印件（外商投资企业提供）。

⑪"纳税人迁移通知书"［跨县（区）迁入企业提供］。

2. 开业税务登记的流程

（1）纳税人在领取工商营业执照之日起的 30 日内，向税务机关提交办理税务登记的"申请税务登记报告书"，并且附上相关资料。

（2）税务机关在纳税人提交登记材料之后，会根据纳税人的经济类型发放"税务登记表"，纳税人填完表格后交给主管税务机关。

（3）税务机关对于纳税人递交的"税务登记表"以及其他的资料，应该在收到之后的 30 日之内审核完毕，并对符合规定的纳税人予以登记，并发放税务登记证件。

四、企业税务登记变更的办理

变更税务登记是指纳税人办理税务登记之后，因为税务登记的内容发生变动，向原税务登记机关申请调整内容与实际情况一致的税务管理登记。企业变更税务登记时需要注意的内容如下：

1. 纳税人办理时限

纳税人已在工商行政机关办理变更登记的，应当自办理工商变更登记之日起 30 日内向原税务登记机关申报办理变更登记；纳税人按照规定不需要在工商行政机关办理变更登记，或者其变更登记的内容与工商登记内容无关的，应当自税务登记内容实际发生变化之日起 30 日内，或者自有关机关批准或者宣布变更之日起 30 日内，向原税务登记机关申报办理变更登记。

2. 税务机关办结时限

提供资料完整、填写内容准确、各项手续齐全、无违章问题，符合条件的当场办结；如纳税人提交的证件和资料明显有疑点的，自受理之日起 2 个工作日内转下一环节，经核实符合规定的，自受理之日起 30 日内发放税务登记证件。

3. 变更税务登记应提供的材料

纳税人已在工商行政管理机关办理变更登记的，应如实提供下列证件、资料，申报办理变更税务登记：

（1）工商登记变更表及工商营业执照。

（2）纳税人变更登记内容的有关证明文件。

（3）税务机关发放的原税务登记证件（登记证正、副本和登记表等）。

（4）其他有关资料。

纳税人按照规定不需要在工商行政管理机关办理变更登记，或者其变更登记的内容与工商登记内容无关的，应持下列证件到原税务登记机关申报办理变更税务登记：

（1）纳税人变更登记内容的有关证明文件。

（2）税务机关发放的原税务登记证件（登记证正、副本和税务登记表等）。

（3）其他有关资料。

4. 变更税务登记的流程

（1）纳税人在税务登记的相关内容发生变动的时候，应该在工商行政管理机关办理变更登记之日起，持变更之后的营业执照或有关证件向税务机关提交申请，并且附上相关资料与证件。

（2）在纳税人所报相关资料齐全的前提下，税务机关应及时向纳税人发放一式三份的"税务登记变更表"，纳税人在收到此表的7日之内填写完毕并交由税务机关审核。

（3）税务机关对变更税务登记的内容要进行进一步的审核，只要是税务登记证件上所涉及的内容发生变动的，应核发变更之后的税务登记证。

五、企业停业、复业税务登记的办理

1. 停业税务登记

停业税务登记是指纳税人由于生产、经营等原因，需要暂停生产经营活动的，应在有关部门批准后，到税务管理机关办理停业税务登记。这就要求企业直接负责人对停业办理税务登记有相关了解。

（1）纳税人办理时限。实行定期定额征收方式的个体工商户需要停业的，应当在发生停业的上月向税务机关申请办理停业登记；已办理停业登记的纳税人停业期满不能及时恢复生产经营的，应当在停业期满前向税务机关提出延长停业登记申请。

（2）税务机关办结时限。提供资料完整、填写内容准确、各项手续齐全，符合条件的当场办结。

(3) 办理停业税务登记应提供的材料。纳税人在办理停业税务登记时，需持《税务登记证》正本、《税务登记证》副本、《发票领购簿》及未使用的发票、《停业复业（提前复业）报告书》。

(4) 办理停业税务登记的流程。纳税人携带相关资料到主管税务机关办理。在申报办理停业登记时，应如实填写停业申请登记表，说明停业理由、停业期限、停业前的纳税情况和发票的领、用、存情况，并结清应纳税款、滞纳金、罚款。如纳税人提供资料完整、填写内容准确、各项手续齐全，符合停业条件的，税务机关经办人在其报送的《停业复业（提前复业）报告书》上签署意见，收存纳税人有关税务登记证正、副本，发票领购簿，未使用完的发票等，经系统录入停业核准信息，制作《税务事项通知书》交纳税人。

(5) 其他说明。

①通过系统审核纳税人是否为定期定额征收方式纳税人，如不为定期定额征收方式纳税人，则不予受理纳税人提出的停业申请。

②通过系统审核纳税人是否有未结清应纳税款、滞纳金、罚款，是否有未结案件，如存在以上情形，告知纳税人结清税款、滞纳金、罚款，未结案件结案，方可受理停业登记申请。

2. 复业税务登记

所谓复业税务登记，是指那些办理停业登记的个体工商户，规定他们在恢复生产经营之前向税务登记机关申报办理复业的登记。

(1) 纳税人办理时限。纳税人应当于恢复生产经营之前，向税务机关申报办理复业税务登记。如纳税人按核准的停业期限准期复业的，应当在停业到期前向税务机关申请办理复业登记；如纳税人提前复业的，应当在恢复生产经营之前向税务机关申报办理复业登记。

(2) 税务机关办结时限。提供资料完整、填写内容准确、各项手续齐全，符合条件的当场办结。

(3) 办理复业税务登记应提供的材料。纳税人在办理复业税务登记时需持《停业复业（提前复业）报告书》办理复业税务登记。

(4) 办理复业税务登记的流程。纳税人携带相关资料到主管税务机关办理。税务机关按照《停业复业（提前复业）报告书》将收存的税务登记证正、副本，发票领购簿，未使用完的发票全部返还纳税人并启用。纳税人准期复业的，以核准停业期满次日作为复业日期；提前复业的，以提前复业的日期作为复业日期；对停业期满未申请延期复业的纳税人，按准期复业处理，在系统中正确录入复业信息。

六、企业注销税务登记的办理

企业注销是指当公司宣告破产，或者被其他公司收购、公司章程规定营业期限届满、公司内部分立解散，或者由于一些业务经营方式不规范被依法责令关闭，公司的营业执照被吊销的行为。

1. 纳税人办理时限

（1）纳税人发生解散、破产、撤销以及其他情形，依法终止纳税义务的，应当在向工商行政管理机关或者其他机关办理注销登记前，持有关证件和资料向原税务登记机关申报办理注销税务登记。

（2）按规定不需要在工商行政管理机关或者其他机关办理注册登记的，应当自有关机关批准或者宣告终止之日起15日内，持有关证件和资料向原税务登记机关申报办理注销税务登记。

（3）纳税人被工商行政管理机关吊销营业执照或者被其他机关予以撤销登记的，应当自营业执照被吊销或者被撤销登记之日起15日内，向原税务登记机关申报办理注销税务登记。

（4）纳税人因住所、经营地点变动，涉及改变税务登记机关的，应当在向工商行政管理机关或者其他机关申请办理变更、注销登记前，或者住所、经营地点变动前，持有关证件和资料，向原税务登记机关申报办理注销税务登记，并自注销税务登记之日起30日之内向迁入地方的税务机关申报办理税务登记。

（5）境外企业在中国境内承包建筑、安装、装配、勘探工程和提供劳务的，应当在项目完工、离开中国前15日内，持有关证件和资料，向原税务登记机关申报办理注销税务登记。

2. 税务机关办结时限

纳税人提供的资料完整、填写内容准确、各项手续齐全，符合受理条件的，自受理之日起在2个工作日内办结纳税人注销登记；在注销清算过程中未发现纳税人涉嫌偷、逃、骗、抗税或虚开发票等行为的，在办结受理前的涉税事项的，应在受理后2个工作日内办结。

3. 企业注销办理税务登记应提供的资料

（1）《税务登记证》正、副本。

（2）上级主管部门批复文件或董事会决议及复印件。

（3）工商营业执照被吊销的应提交工商行政管理部门发出的吊销决定及复印件。

（4）主管税务机关需要的其他资料。

4. 企业注销办理税务登记的流程

（1）受理环节：审核、录入资料审核无误后，将纳税人报送的所有资料转下一环节。

（2）后续环节：接收上一环节转来的资料后，进行清算。在这一环节中，需要特别注意的是审核纳税人是否已办结涉税事项。具体内容如下：

①取消相关资格认定。

②结清税款、多退（免）税款、滞纳金、罚款。

③结存发票做验旧、缴销处理。

④办结申报事项。

⑤防伪税控纳税人取消防伪税控资格、交回防伪税控设备。

⑥未结案件对纳税人未办结的涉税事项进行实地清算，收回税务登记证件。

通过以上审核，核准注销税务登记申请，在其报送的《注销税务登记申请审批表》上签署意见，经系统录入注销登记信息，制作《税务事项通知书》送达纳税人，将相关资料归档。

七、企业跨县（区）迁出登记的办理

纳税人因住所、经营地点变动，涉及改变税务登记机关的，应当在向工商行政管理机关或者其他机关申请办理变更、注销登记前，或者住所、经营地点变动前，持有关证件和资料，向原税务登记机关申报办理注销税务登记后迁出。

1. 纳税人办理业务的时限要求

纳税人跨县（区）迁出的，应当在工商行政管理机关或者其他机关申请办理变更、注销登记前，或者住所、经营地点变动前办理跨县（区）迁出事项。

2. 税务机关承诺时限

提供资料完整、填写内容准确、各项手续齐全，符合条件的当场办结。

3. 跨县（区）迁出税务登记应提供的资料

企业在办理跨县（区）迁出税务登记时，纳税人需持工商营业执照副本。

4. 跨县（区）迁出税务登记的流程

（1）受理审核。

①查验纳税人出示证件的有效性。

②审核证件资料是否齐全、合法、有效。

③审核纳税人是否已办结注销事项，如未办结，则不予受理，告知纳税人办结注销事项后再办理迁出。

（2）核准。符合条件的，经系统录入迁出信息，核准纳税人的跨县（区）迁出事项，制作《纳税人迁移通知书》交予纳税人。

（3）资料归档。

八、企业跨县（区）迁入登记的办理

纳税人因住所、经营地点变动，涉及改变税务登记机关的，应当在向工商行政管理机关或者其他机关申请办理变更、注销登记前，或者住所、经营地点变动前，持有关证件和资料，向原税务登记机关申报办理注销税务登记，并自注销税务登记之日起30日内向迁达地税务机关申报办理税务登记。

1. 纳税人办理时限

纳税人因住所、经营地点变动，涉及改变税务登记机关的，应当在原税务机关办理注销税务登记之日起30日内向迁入地方的税务机关申报办理税务登记。

2. 税务机关办结时限

提供资料完整、填写内容准确、各项手续齐全，符合条件的当场办结。

3. 跨县（区）迁入税务登记应提供的资料

企业在办理跨县（区）迁入税务登记时，纳税人应该持《纳税人迁移通知书》。

4. 跨县（区）迁入税务登记的流程

（1）受理审核证件资料是否齐全、合法、有效。

（2）核准，如纳税人提供资料完整、填写内容准确、各项手续齐全，经系统录入迁入信息，纳入税务管理。

（3）资料归档。

◇ 第2堂　涉税证明的办理

一、涉税证明的概念和开具范围

所谓"涉税证明"，是指依照纳税人的申请，由税务机关为纳税人开具的，可证明其在一定时间之内涉及地方税务情况的一份税务文书。

通常情况下，纳税义务人在办理诸多事项（如企业法定代表人或负责人出国、总公司需要上市发行股票、企业参加国家有关部门的评比、企业参加某些政府部门的采购招标活动、纳税人办理出国定居或申办蓝印户口等）时，相关部门会要求纳税人提供之前纳税情况的涉税证明。

那么，涉税证明的开具范围包括哪些方面呢？

（1）涉税证明中需有具体的涉及地方税务的情况。其中，地方税收包括依法由地税机关征收的各种税，不包括由地税机关征（代）收的规费。

（2）涉税证明中含有纳税信用等级、纳税规模、欠税情况等情况说明，主要由负责征收管理的地方税务局、税务分局、税务所（简称"主管地税机关"）开具。

（3）若纳税人申请开具其在一定时间内的税收违法记录情况的涉税证明，需到主管县级地方税务局（简称"主管县局"）开具。

（4）若要开具《中华人民共和国个人所得税完税证明》，必须按照国家税务总局、省地方税务局的相关规定执行。

二、外出经营活动税收管理证明办理

所谓外出经营活动税收管理证明，指的是纳税人临时到外县或外市从事生产经营业务的，需要在外出生产经营之前，持税务登记证向主管税务机关申请开具《外出经营活动税收管理证明》（以下简称《外管证》）。收到申请后，税务机关会以"一地一证"的原则，核发《外管证》。《外管证》的有效期限一般是30~180天。

1. 纳税申请人需提供的资料

从事生产、经营的纳税人到外县或外市临时从事生产经营活动时，应向主管税务所综合服务窗口领取并填写《外出经营活动税收管理证明申请审批表》并附

报下列资料：

（1）外出经营活动书面申请。

（2）纳税人《税务登记证》副本复印件。

（3）外出经营活动有关合同、协议。

（4）法人代表身份证号码。

2. 纳税人办理业务的程序

（1）税务机关相关工作人员会对《外出经营活动税收管理证明申请审批表》及附报资料进行认真审核，通过核准的，经所长签字盖章之后上报给县局进行审批。

（2）县局对税务机关上报的《外出经营活动税收管理证明申请审批表》及附报资料审核无误之后，统一填发《外出经营活动税收管理证明单》并返还给主管税务机关。

（3）主管税务机关通知纳税人在规定期限之内领取《外出经营活动税收管理证明单》。

3. 税务机关承诺办结时限

一般情况下，资料齐全审核受理后5个工作日内办结。

三、出口货物转内销涉税证明办理

出口企业已报关出口的货物发生退关退运需要转内销的，可持相关资料到主管税务机关退税部门申请办理《出口货物转内销证明》（根据出口退税管理系统生成），主管税务机关征税部门凭该批货物的《出口货物转内销证明》予以办理进项税额抵扣，冲减当期应纳税额。

1. 纳税申请人需提供的资料

（1）《出口货物转内销证明申请表》（一式一份）。

（2）出口货物退运已补税证明。

（3）内销发票。

（4）载有《出口货物转内销证明申请表》有关信息的电子数据。

2. 纳税人办理业务的程序

生产企业至主管税务机关出口退税管理岗受理→出口退税管理岗审核→出口退税管理岗出件；外贸企业至市局外贸申报受理岗受理→外贸申报受理岗审核→外贸申报受理岗出件。

3. 税务机关承诺办结时限

一般情况下，提供资料完整、填写内容准确、各项手续齐全、无违章问题，符合条件的3个工作日内办结。

四、出口货物退运已办结税务证明办理

生产企业在出口货物已报关离境，取得海关已签发出口货物报关单（出口退税专用），并已申报办理过退税后，因故发生退运，须凭主管税务机关退税部门出具的《出口货物退运已办结税务证明》（根据出口退税管理系统生成），向海关申请办理退运手续。

1. 纳税申请人需提供的资料

(1)《关于申请出具〈出口货物退运已办结税务证明〉的报告》（一式一份）。

(2) 出口货物报关单（出口退税专用）原件及复印件。

(3) 出口收汇核销单（出口退税专用）原件及复印件（未收汇核销的以及试行免于提供纸质出口收汇核销单的出口企业不需提供）。

(4) 出口货物运单或提货单及外销发票。

(5) 载有《关于申请出具〈出口货物退运已办结税务证明〉的报告》有关信息的电子数据。

2. 纳税人办理业务的程序

办税服务厅综合受理窗口受理→出口退税管理岗→办税服务厅综合受理窗口出件。

3. 税务机关承诺办结时限

一般情况下，提供资料完整、填写内容准确、各项手续齐全、无违章问题，符合条件的3个工作日内办结。

◇ 第3堂　税务资格的认定

一、税务资格认定的概念和认定范围

税务资格认定是税务机关对纳税人的一种特殊身份或资格的认定。当然，因纳税人的税务资格认定是有范围界定的，所以并非所有的纳税人都需要税务资格

的认定。总体来说，拥有税务认定资格的纳税人包括以下企业单位：

1. 资源综合利用企业

资源综合利用企业，是指对工业生产所排放的"废水、废气、固体废弃物"进行回收和利用，对矿产资源开采加工过程中的共生伴生资源以及社会再生资源与其他再生资源进行综合利用的企业。

2. 生产新型墙体材料产品的企业

生产新型墙体材料产品的企业，是指回收和综合利用社会再生资源生产国家规定的新型墙体材料产品的企业。

3. 国有森工企业

国有森工企业，是指以次小薪材、采伐剩余物（包括树皮、树叶、枝、丫、树梢、树根、藤条、灌木等）、造材剩余物（造材截头）、加工剩余物（板条、木竹截头、碎单板、板皮、锯末、木块、木芯、刨花、边角余料等）为原料生产加工综合利用产品的国有森工企业。

4. 政府储备食用植物油企业

政府储备食用植物油企业，是指在政策上享受税收优惠的政府储备食用植物油企业。

5. 残疾人就业税收优惠企业

残疾人就业税收优惠企业，是指经县级以上的人民政府部门审核认定，吸纳一定数量和比例的残疾人从事生产销售货物或提供加工、修理修配劳务的企业。另外，对安置残疾人的单位或组织，实行由税务机关按照单位或组织安置残疾人的具体人数，减征营业税或限额即征即退增值税的办法。

6. 国有粮食购销企业

国有粮食购销企业，包括含国有控股粮食企业在内的各级国有粮食企业，以及救济救灾粮、水库移民口粮、经营军队用粮与其他粮食企业，以及有政府储备食用植物油销售业务的企业。

二、办理税务资格认定需要提交的材料

在办理税务资格认定时，纳税人需提供的资料如表2-1所示。

表 2-1　办理税务资格认定时向税务机关提供的材料

纳税人	提供资料	
资源综合利用企业	1.《资源综合利用企业证书》及复印件 2. 产品质量执行标准和质量检测报告及复印件	
生产新型墙体材料产品的企业	1.《新型墙体材料产品资质认定证书》及其复印件 2. 产品质量执行标准和质量检测报告及复印件	
国有森工企业	1.《资源综合利用企业证书》及复印件 2. 经省级以上质量技术监督部门出具的产品质量合格报告	
政府储备食用植物油企业	拥有油权的政府或政府委托的粮食主管部门下发的正式批文及复印件	
残疾人就业税收优惠企业	取得民政部门或残疾人联合会认定的单位	1. 提交民政部门或残疾人联合会的书面审核认定意见 2. 纳税人与残疾人签订的劳动合同或服务协议（副本） 3. 纳税人为残疾人缴纳社会保险费缴费记录 4. 纳税人向残疾人通过银行等金融机构实际支付工资凭证
	不需要经民政部门或残疾人联合会认定的单位以及因认定部门向其收取费用而直接向主管税务机关提出减免税申请的单位	1. 提交纳税人与残疾人签订的劳动合同或服务协议（副本） 2. 纳税人为残疾人缴纳社会保险费缴费记录 3. 纳税人向残疾人通过银行等金融机构实际支付工资凭证
国有粮食购销企业	1.《国有粮食购销企业证书》原件及复印件 2. 国有粮食购销企业应提供所在县（市）国税、财政和粮食部门下达的批准其从事承担粮食收储任务的批准文件原件及复印件 3. 承担政府储备粮业务的企业，应提供《粮食承储资格证》原件及复印件 4. 县（含县）以上人民政府粮食收储计划文件及其复印件和相关证明	

三、出口企业退（免）税资格的认定

按照《中华人民共和国对外贸易法》和《对外贸易经营者备案登记办法》的相关规定，出口企业退（免）税资格认定的程序如下：

1. 对外贸易经营者申请

办理出口货物退（免）税认定的对外贸易经营者应领取并填写《出口货物退（免）税认定表》（一式两份），表上加盖对外贸易经营者公章及法人印章，同时提供下列资料向进出口处提出申请（查验原件，提供复印件）：

（1）对外贸易经营者备案登记表（内资企业）或外商投资批准证书（外资企业提供）。

（2）工商行政管理机关核发的企业法人营业执照（副本）。

（3）国家技术监督局核发的组织机构代码证。

(4) 主管征税的国家税务机关核发的税务登记证（副本）。

(5) 一般纳税人证或一般纳税人申请认定审批表及一般纳税人通知书。

(6) 中华人民共和国海关进出口货物收发货人报关注册登记证书。

(7) 银行开户许可证（人民币基本账户）。

(8) 生产型对外贸易经营者需提供所在地征税机关退税部门出具的《税务机关确认出口退税管理办法明细表》。

(9) 代理出口协议（临时出口货物退（免）税认定用）。

2. 办理出口企业退（免）税资格需具备的条件

对外贸易经营者按《中华人民共和国对外贸易法》和商务部《对外贸易经营者备案登记办法》的规定办理备案登记后，没有出口经营资格的生产企业委托出口自产货物（含视同自产产品，下同），应分别在备案登记、代理出口协议签订之日起30日内持有关资料，填写《出口货物退（免）税认定表》，到所在地税务机关办理出口货物退（免）税认定手续。

3. 办理出口企业退（免）税资格认定的程序

(1) 对外贸易经营者申请。

(2) 生产型对外贸易经营者认定的实地调查审查。

(3) 税务机关受理并审核。

(4) 税务机关核发出口退（免）税登记证。

四、企业所得税核定征收资格的鉴定

为做好企业所得税核定征收工作，根据《国家税务总局关于印发〈企业所得税核定征收办法〉（试行）的通知》（国税发〔2008〕30号）、《国家税务总局关于企业所得税核定征收若干问题的通知》（国税函〔2009〕377号）等文件精神，制定本规程。

1. 企业所得税核定征收资格的办理条件

根据《企业所得税核定征收办法（试行）》第三条的规定，企业所得税纳税人具有下列情形之一的，核定征收企业所得税：

(1) 依照法律、行政法规的规定可以不设置账簿的。

(2) 依照法律、行政法规的规定应当设置但未设置账簿的。

(3) 擅自销毁账簿或者拒不提供纳税资料的。

（4）虽设置账簿，但账目混乱或者成本资料、收入凭证、费用凭证残缺不全，难以查账的。

（5）发生纳税义务，未按照规定的期限办理纳税申报，经税务机关责令限期申报，逾期仍不申报的。

（6）申报的计税依据明显偏低，又无正当理由的。

（7）特殊行业、特殊类型的纳税人和一定规模以上的纳税人不得核定征收企业所得税。特定纳税人包括以下类型企业：

①享受《中华人民共和国企业所得税法》及其实施条例和国务院规定的一项或几项企业所得税优惠政策的企业（不包括仅享受《中华人民共和国企业所得税法》第二十六条规定免税收入优惠政策的企业）。

②汇总纳税企业。

③上市公司。

④银行、信用社、小额贷款公司、保险公司、证券公司、期货公司、信托投资公司、金融资产管理公司、融资租赁公司、担保公司、财务公司、典当公司等金融企业。

⑤会计、审计、资产评估、税务、房地产评估、土地估价、工程造价、律师、价格鉴证、公证机构、基层法律服务机构、专利代理、商标代理以及其他经济鉴证类社会中介机构。

⑥国家税务总局规定的其他企业。

2. 办理企业所得税核定征收资格的程序

（1）纳税人应在收到《企业所得税核定征收鉴定表》后10个工作日内，填好该表并报送主管税务机关。《企业所得税核定征收鉴定表》一式三联，主管税务机关留存两联，另一联送达纳税人执行。

（2）主管税务机关应在受理《企业所得税核定征收鉴定表》后30个工作日内，分类逐户审查核实，提出鉴定意见，完成审核、认定工作。

（3）主管税务机关应在每年6月底前对上年度实行核定征收企业所得税的纳税人进行重新鉴定。重新鉴定工作完成前，纳税人可暂按上年度的核定征收方式预缴企业所得税；重新鉴定工作完成后，按重新鉴定的结果进行调整。

（4）主管税务机关应当分类逐户公示核定的应税所得率。主管税务机关应当按照便于纳税人及社会各界了解、监督的原则确定公示地点、方式。

（5）纳税人对税务机关确定的企业所得税征收方式、核定的应税所得率有异议的，应当提供合法、有效的相关证据，税务机关经核实认定后调整有异议的事项。

◇ 第4堂　企业纳税申报

一、纳税申报的概念和申报对象

纳税申报，是指纳税人、扣缴义务人在发生纳税义务后，按照税法规定的内容和期限，向税务机关提交有关税款计算、缴纳事项的书面报告的法律行为。纳税申报是纳税人的法定义务与纳税人履行纳税义务、承担法律责任的依据，还是税务机关征收管理信息的主要来源。

纳税申报的对象主要包括以下几类：

1. 应该正常履行纳税义务的纳税人

在一般情况下，纳税人需要遵照税收法律、行政法规规定的申报期限、申报内容如实办理纳税申报，报送纳税申报表、财务会计报表与税务机关要求报送的其他纳税资料进行纳税申报。

2. 应当履行扣缴税款义务的扣缴义务人

扣缴义务人需要在法律、行政法规的约束下，确定申报期限、申报内容并如实报送代扣代缴、代收代缴税款报告表以及税务机关根据实际需要要求扣缴义务人报送的其他有关资料进行纳税申报。

3. 享受减税、免税待遇的纳税人

部分纳税人依法享有减免税收的特殊待遇，而在减免税收期间也应该依照法律、行政法规的规定办理纳税申报手续，填报纳税申报表，以便进行减免税的统计与管理。

二、企业申报纳税应提供的资料

纳税人办理纳税申报时，应当如实填写纳税申报表及规定报送的各种附表资料，并根据不同的情况相应报送有关证件、资料。纳税人在申报纳税时应提供的材料如下：

(1)纳税申报表。

(2)财务会计报表及其说明材料。

(3)与纳税有关的合同、协议书。

(4)税控装置的电子报税资料。

(5)自核自缴税款的《税收通用缴款书》(PZ012)的报查联和收据联。

(6)外出经营活动税收管理证明和异地完税证明。

(7)境内或者境外公证机构出具的有关证明文件。

(8)税务机关规定应当报送的其他有关资料、证件。

此外,纳税人还需持有各税种(费)具体申报资料:

1. 营业税、城市维护建设税、教育费附加

(1)营业税、城市维护建设税(以下简称"城建税")、教育费附加纳税申报表。

(2)发票领用存月(季)报表。

(3)从事技术转让、开发业务免征营业税时,纳税人须提供所在地省级科技主管部门认定后的技术转让、开发的书面合同及有关证明材料、文件。

(4)符合享受减免税条件的自开票纳税人所开具的货物运输业发票减免征收营业税的相关减免税证明材料。

(5)符合享受减免税条件的代开票纳税人在代开货物运输业发票时即时征收营业税、城建税、教育费附加及所得税,再按规定办理退税的相关减免税证明材料。

(6)其他相关资料。

2. 企业所得税

(1)企业所得税月(季)纳税申报表。

(2)企业所得税年度纳税申报表。

(3)事业单位、社会团体企业所得税纳税申报表。

(4)纳税人在年度纳税申报时提交的改变存货计价方法的相关资料:书面说明(改变计算方法的情况,说明改变计算方法的原因),并附股东大会或董事会、经理(厂长)会议等类似机构批准的文件。

(5)纳税人在年度纳税申报时提交的企业技术开发费税前扣除的相关资料:技术项目开发计划(立项书)和技术开发费预算;技术研究专门机构的编制情况和专业人员名单;上年及当年技术开发费实际发生项目和发生额的有效凭据,如

经中介机构年审的，可提供中介机构对其技术开发费的审核确认报告。

（6）纳税人在年度纳税申报时提交的高新技术企业享受减免税优惠的相关资料：有关部门认定的资格证书（复印件）、营业执照及高新技术产品或项目的有关资料。

（7）纳税人在年度纳税申报时提交的工效挂钩企业税前扣除的相关资料：附报行使出资者职责的有关部门制定或批准的工效挂钩方案，并按"两个低于"和实际发放原则对工效挂钩工资申报扣除。

（8）纳税人在年度纳税申报时说明坏账、呆账损失采取直接核销法还是备抵法。

（9）纳税人在年度纳税申报时说明非货币性资产投资确认所得、债务重组所得、捐赠收入及各年度分摊收入情况。

（10）其他相关资料。

3. 个人所得税

（1）个人所得税年度申报表。

（2）个人所得税月份申报表。

（3）特定行业个人所得税月份申报表。

（4）特定行业个人所得税年度申报表。

（5）个体工商户（个人承包承租经营）所得税年度申报表。

（6）个人独资企业和合伙企业投资者个人所得税申报表。

（7）合伙企业投资者个人所得税汇总申报表。

（8）外籍个人以非现金或实报实销形式取得的住房补贴、伙食补贴、洗衣费、搬迁费、出差补贴、探亲费、语言训练费、子女教育费等补贴的有关有效凭证及证明资料。

（9）外籍个人在中国期间取得来华之前的工资薪金所得不予征税说明，并附送雇佣单位有关奖励制度。

（10）合伙企业投资者变更个人所得税汇算清缴地点，需向原主管税务机关说明汇算清缴地点变更原因、新的汇算清缴地点等变更情况。

（11）个人取得认购股票等有价证券而从雇主取得折扣或补贴收入，如果数额较大，可由个人自行选择，在不超过6个月的期限内，平均分月计入个人工资、薪金所得计算缴纳个人所得税，同时在纳税申报时做出说明。

(12) 其他相关资料。

4. 其他各税（费）

(1) 资源税纳税申报表。

(2) 房产税纳税申报表。

(3) 车船使用税纳税申报表。

(4) 城镇土地使用税纳税申报表。

(5) 土地增值税纳税申报表。

(6) 印花税纳税申报表。

(7) 文化事业建设费申报表。

(8) 其他申报表及相关资料。

5. 简易纳税申报表

三、纳税申报的方式

《税收征管法》第二十六条规定："纳税人、扣缴义务人可以直接到税务机关办理纳税申报或者报送代扣代缴、代收代缴税款报告表，也可以按照规定采取邮寄、数据电文或者其他方式办理上述申报、报送事项。"纳税申报的具体方式如下：

1. 直接申报

直接申报亦叫做"上门申报"，是指纳税人、扣缴义务人自行到税务机关办理纳税申报或者报送代扣代缴、代收代缴税款报告表以及相关资料进行纳税申报的方式。这是一种传统申报方式。

2. 邮寄申报

邮寄申报指纳税人经过税务机关批准之后，使用统一的纳税申报特快专递专用信封，以邮政部门作为中介办理相关交寄手续进行纳税申报的方式。

纳税人采取邮寄方式办理纳税申报的，应以寄出的邮戳日期为实际申报日期，且要切记在办理完所有程序后向邮政部门索要申报凭据，譬如收据等。

3. 数据电文申报

数据电文申报是指纳税人通过税务机关确定电话语音、电子数据交换和网络传输等电子方式进行纳税申报的方式。

4. 其他方式

对于实行定期定额缴纳税款的纳税人而言，可以采用以下两种申报纳税的方式：

（1）简易申报：简易申报是指纳税人依照税务机关规定的缴纳期限与税额缴纳税款的一种方式。

（2）简并征期：简并征期主要针对的是月纳税额较少的定期定额征收的纳税人，对于这些纳税人而言，国家允许他们可以按季度或半年合并缴纳税款，并在季度末或者半年后10日内缴纳税款。

四、企业纳税申报的一般程序

企业在持相关资料到税务机关办理纳税申报时，需要按照国家规定的程序进行，否则将无法顺利完成申报。通常情况下，纳税申报的具体流程要根据具体的申报方式进行。其具体内容如下：

1. 邮寄申报的程序

（1）纳税人如需采用邮寄申报方式，需填写《邮寄申报申请审批表》，在年末20日前报送待批文书窗口，经批准后一般在一个纳税年度（公历1月1日至12月31日是一个纳税年度）内不应改变申报方式。

（2）纳税人在法定的纳税申报期内，按税务机关的要求填写各类申报表和纳税资料后，使用统一规定的专用信封，到邮政部门办理交寄手续。

（3）邮寄纳税申报的具体日期以邮电部门邮寄日戳日期为准。

（4）邮寄申报资料与到办税服务厅申报资料相同（完税税票第一联复印件需随申报资料同时邮寄）。

2. 电子申报的程序

（1）纳税人如需采用电子申报方式，需填写《电子申报申请审批表》。在年末20日前报送待批文书窗口，经批准后一般在一个纳税年度内不应改变申报方式。

（2）纳税人将申报数据录入计算机，在法定的纳税申报期内通过电话线路传输申报数据。

（3）在法定的纳税申报期内将电子申报数据相同的纳税申报资料的文书送达（或邮寄）申报大厅，一式二份，其他表一式一份。

（4）如果税务机关收到的纳税人电子申报数据与纸质文书有差异时，税务机关以纳税人的纸质文书为准。

（5）纳税人的申报时间以税务机关收到电子申报数据的时间为准。

3. 新办企业纳税申报的程序

新办企业第一个月的纳税申报时间为税务登记办理完毕的次月 10 日前。即不论是否办理完一般纳税人手续，是否购领发票，是否发生纳税义务，均应在取得税务登记证的次月 10 日前办理纳税申报。具体申报程序与到办税服务厅申报程序相同。

4. 停废业申报的程序

纳税人领取停废业企业申请审批表后，需到办税服务厅相应窗口办理清税证明。

5. 税款缴纳的程序

（1）完税申报税款缴纳：纳税人在每期申报纳税之前，自行计算税款，自行填开税收缴款书到办税服务大厅银行窗口或纳税人开户银行缴纳税款（如用现金缴纳需到相应窗口办理）。

（2）缴纳欠税：纳税人需到窗口打印税收缴款书，然后到纳税人开户银行或办税服务大厅银行窗口缴纳欠税（如用现金缴纳需到相应窗口办理）。

（3）预缴税款：到窗口开具预缴税款通知书，并打印税收通用缴款书，自行到开户银行缴纳。

（4）缴纳滞纳金：到窗口开具加收滞纳金通知书，并打印税收通用缴款书，自行到开户银行缴纳（如用现金缴纳需到相应窗口办理）。

（5）缴纳罚款：持税务行政处罚决定书到窗口，开具税收通用缴款书，自行到开户银行缴纳（如用现金缴纳需到相应窗口办理）。

（6）缴纳发票保证金和纳税保证金：持相关税务文书到相应窗口办理。

6. 出口企业"免、抵、退"申报程序

生产企业将货物报关出口并在财务上作销售后，按月填报《生产企业自营（委托）出口货物免、抵、退税申报表》，于次月 10 日前报送纳税申报窗口并附送下列资料：

（1）出口货物报关单。

（2）出口收汇核销单。

（3）属于委托出口的货物，还需附送《代理出口证明》。

（4）内销货物纳税申报表。

审核无误盖章后第四联返回企业。纳税人于每季度末将出口及内销货物等情况按季汇总填报《生产企业自营（委托）出口货物免、抵、退税申报表》，于季后10日内报送纳税申报窗口，如当月附送资料报送不全的，于第二个季度内补齐。

7. 防伪税控系统报税和认证程序

（1）办理防伪税控系统认证的程序：纳税人取得10万元版以上专用发票，需要携带专用发票抵扣联及抵扣联复印件、经办人身份证复印件。每月纳税申报前，到办税服务厅窗口办理专用发票认证抵扣事宜。

（2）办理防伪税控系统的报税程序：纳税人在每月会计结算期内，将防伪税控系统中的数据及当月抄税资料，抄税到"税控IC卡"上。在每月申请纳税10日前（含10日），携带"税控IC卡"、当月抄税情况报告表两份，到办税服务厅窗口办理报税事宜。

五、纳税人延期申报的办理

根据相关法律规定，纳税人需在规定的时间内办理申报业务。但如果纳税人、扣缴义务人延误了申报时间，又该如何处理呢？

一般情况下，纳税人、扣缴义务人因为某些原因延误了申报时间，应在申报期限之内填写《延期申报申请审批表》，并交送税务机关审核，在核准的期限之内办理申报手续。而一旦纳税人、扣缴义务人超出纳税申报的期限才提出申请，则依照延期申报处理。

此外，倘若纳税人、扣缴义务人因不可抗力，无法在规定的时间内办理纳税申报或报送代扣（收）代缴税款报告表的，那么需要在省、自治区、直辖市国税局进行审核、批准后才可以延期缴纳税款，最长不能超过3个月。

六、利用网络进行纳税申报的办理

如今，网上申报已经被越来越多的企业所采用，它免去了上门申报、邮寄申报等申报方式的诸多麻烦，只需要通过网络就可以轻松完成纳税申报了。

网上纳税申报，是指纳税人在规定的纳税期限之内，利用互联网填报相关涉税电子申报表格，把纳税申报数据发往税务机关的纳税申报受理服务器，自动申报且打印纳税凭证，自行到开户银行缴纳税款的一种纳税申报方式。

实行网上纳税申报更加符合现代社会对于电算化的要求，操作简单，快速便捷。纳税人只需要通过互联网进入电子申报网页，用合法的用户名与口令登录电子申报服务器，选择填写相关申报表，填写完成之后提交。随后，电子申报服务器会将纳税人提交的申报数据依照不同的税务机关进行分组，且暂时保存下来。税务机关随机收取相关的分组数据并且对数据进行相应的处理与分解，等到处理完成之后，税务机关将纳税人的纳税账号和相应的扣款数据发往纳税人的开户银行并扣除税款。银行在对扣款信息进行核对之后，通过电子邮件的方式发往纳税人的邮箱，并告知申报处理的最终结果。

第3天 企业税务发票管理入门知识

◇ 第1堂 认识发票

一、发票的概念、种类和使用范围

发票是确定经营收支情况的一种法定凭证,是会计核算的有力凭证,是税务机关进行税源控制的重要依据,是发挥财税监督职能和维护社会经济秩序稳定的重要手段与工具。发票主要划分为三大类,第一类是普通发票,第二类是增值税专用发票(以下简称专用发票),第三类是专业发票。

1. 普通发票

这一类发票主要由营业税纳税人和增值税小规模纳税人(以下简称"小规模纳税人")使用。普通发票通常由专用发票与行业发票组成。前者适用于某一经营项目,例如广告费用结算发票、商品房销售发票等。后者适用于某个行业或某项经营业务,例如商业零售统一发票、工业企业产品销售统一发票、商业批发统一发票等。

2. 增值税专用发票

增值税专用发票是在我国实行新税制之后产生的,它是国家税务机关依照增值税征收管理需求制定的,专门用于纳税人销售或提供增值税应税项目的一种发票。专用发票不仅包含了普通发票所涵盖的内容,还具备了与普通发票相比的更特殊的作用。它不但是记载商品销售额和增值税税额的财务收支凭证,而且是购货方据以抵扣税款的法定凭证。

3. 专业发票

专业发票是指国有金融企业的存贷、汇兑、转账凭证；国有邮政、电信企业的邮票、邮单、话务、电报收据；国有铁路、国有航空企业和交通部门、国有公路、水上运输企业的客票、货票等。

二、税务发票的印制和领购

目前，国家法律规定的有权征收税费的有财政、国税、地税、海关等，财政与相关行业主管部门都用行政专用收款收据——发票。发票的种类繁多，主要是按行业和纳税人的生产经营项目分类，每一种发票都有特定的使用范围。正因如此，才让发票的印制与领购更具规范性与固定性。

1. 发票的印制

专用发票主要是由国务院税务主管部门规定的企业印制而成的。其他的发票是在国务院税务主管部门的认可下，由省、自治区、直辖市税务机构规定的企业印制的，而这也是专用发票与普通发票的不同之处。然而，不管发票的印制方式有何不同，在印制发票的过程中都要使用国务院税务主管部门确定的全国统一的发票防伪专用品。全国统一发票监制章的式样和发票版面印刷的要求是在国务院税务部门的认可下制定的，并由省、自治区、直辖市税务机关制作、执行。

2. 发票领购

（1）发票领购的适用范围。

①按照国家的相关规定办理税务登记的个人或单位，在领取《税务登记证》之后可以申请领购发票。

②依照国家相关规定办理税务登记的单位，在临时需要使用发票的时候，可以持单位的介绍信及相关证件，到税务局开发票。

③由于某种特殊情况，临时到本省、自治区、直辖市之外从事经营活动的单位或个人，需持当地税务机关开出的"外出经营税收管理证明"，在办理纳税担保的情况下，可以向经营地税务机关申领经营地发票。

（2）发票领购的资格。依照国家法律办理税务登记的企业，在领取税务登记证件后，都应该向主管税务机关申领发票。

（3）发票领购所需的资料及程序。在申领发票时，企业应在提出购票申请后，出示申办人的身份证、税务登记证件以及财务印章，经主管税务机关审核之后，再发给发票领购簿。

三、开具、保管税务发票的方法

根据国家相关规定，纳税人应按照下列规定开具和保管税务发票：

（1）提供服务、销售商品及从事其他经营活动的单位或个人，在发生对外经营收取款项的时候，收款方应该给付款方开发票。当然，也有付款方向收款方开发票的情况，例如，收购单位和扣缴义务人支付个人款项时，应该由付款方开具发票。在获取发票时，付款方不得要求变更品名和金额。

（2）对于不符合规定的发票来说，是不具备成为财务报销凭证资格的，且所有单位或个人都有拒收的权利。

（3）在开具发票时，开票人应该依照规定的程序与时限，逐栏如实开具，并且加盖发票专用章或单位财务专用印章。

（4）使用网络开具发票，必须是在主管税务机关批准的前提下才可以进行，且用税务机关统一监制的机外发票，开具后的存根联应该依照顺序装订成册。

（5）任何单位和个人不可以转让、代开发票；在未经过税务机关批准的前提下，不可以拆本使用发票；不可以自行扩大专业发票的使用范围；明令禁止买卖发票、发票监制章与发票防伪专用品。

（6）开具发票仅仅局限于领购单位或个人在本省、自治区、直辖市内。

（7）所有单位或个人在未经批准的前提下，不能跨规定的使用区域携带、邮寄、运输空白发票；明令禁止邮寄、携带或运输空白发票出入境。

（8）开具发票的单位或个人应该建立一个相对完善的发票使用登记制度，设置发票登记簿，并且在规定时间内向主管税务机关详细说明发票的使用情况。

（9）开具发票的单位或个人应该在办理注销、变更税务登记时，办理发票和发票领购簿的变更、缴销手续。

（10）开具发票的单位或个人应该依照税务机关的规定存放与保管发票，不能有意损坏发票。已开具的发票存根联和发票登记簿，保存时间为5年。如果保存期限已至，需要报经税务机关查验之后才可销毁。

四、发票丢失报告的编制

部分纳税人的发票因为管理不慎丢失了，面对这样的情况应该怎么办呢？一般情况下，纳税人遗失发票应该按照以下方式办理相关手续：

（1）当纳税人发现发票遗失后，最好在当天依照规定以书面报告的形式向主管地方税务机关发出公开作废声明。

（2）遗失发票的登报声明作废程序如下：

①遗失发票者应该以书面报告的形式向主管地方税务机关说明情况，并且如实填写《遗失声明作废刊出登记表》。

②遗失发票者将填写完的《遗失声明作废刊出登记表》交由地方税务机关核准、盖章，之后送往报社办理手续。

③根据《中华人民共和国发票管理办法》（以下简称《发票管理办法》）第三十六条及《税收征管法》的相关规定，地方税务机关将会对遗失发票者给予相应的处罚。

发票丢失报告的格式如下：

××税务局：

  ××单位，税号是×××（15位），管理码是×××（或没有），什么时间什么地点因为什么原因遗失了×××发票，发票代码是××，发票号码是××，共××张，以后会注意保管，避免此类事情发生。

××单位名称并盖章
联系人：
日　期：

表 3–1　发票丢失报告的范本

报　告

××省地方税务局：

  我单位××省电影广告公司（纳税编码：562×××××××××××）于2014年8月11日不慎遗失××省××市代理业发票1份，发票种类为××省地方税收通用发票，发票代码：2440×××××××，发票号码：0161×××××，已于2014年8月12日在××报社登遗失声明。本单位违反《中华人民共和国发票管理办法》中应妥善保管发票的规定，现接受税务机关处理，今后我单位将健全发票管理制度，防止违反发票管理办法行为的发生。

××省电影广告公司
联系人：李××
日　期：2014年8月12日
联系电话：154×××××××

五、发票缴销业务的办理

发票缴销是指将从税务机关领取的发票交回税务机关查验并作废。对于在缴销发票的过程中发现纳税人有违反法律法规禁止的行为时，需按照税务违法违章程序进行相应的处理。那么，在什么情况下需要进行发票缴销，发票缴销的手续又如何办理呢？

根据《中华人民共和国发票管理办法》第十八条、第二十九条规定，当纳税人出现以下情况时，需要进行发票缴销处理：

（1）纳税人办理注销、变更税务登记。

（2）改版、换版、次版发票（这种情况发生在纳税人购买发票之后）。

（3）未使用的超期空白发票。

（4）霉变、水浸、火烧的发票。

（5）纳税人丢失、被盗发票和流失发票。

在办理缴销手续时，纳税人应先填写两份《发票缴销登记表》，并向地方税务机关提供发票领购簿、需缴销的空白发票与税控 IC 卡。由于注销、变更税务登记进行发票缴销的，依照《中华人民共和国税收征收管理法实施细则》的相关规定，纳税人需要在规定的注销、变更税务登记时限之内，主动向税务机关申请办理。由于其他原因进行发票缴销的，纳税人应根据自身情况在事情发生当天向税务机关申请办理。

◇ 第 2 堂　增值税专用发票的使用和管理

一、增值税专用发票与普通发票的区别

从前面对专用发票和普通发票概念的理解上我们不难看出，两者的区别在于：取得发票的纳税人是不是可以依照相关法律抵扣购货进项税额。对于专用发票，购货方能够依照法律申报认证抵扣进项税额，而普通发票则不能。此外，专用发票与普通发票的不同还有以下几点：

1. 两者的使用主体不同

专用发票通常指可以由一般纳税人领购使用。倘若其他纳税人需使用，只能

在经过税务机关批准之后由当地的税务机关代为开具。对此，普通发票的局限性较小，能够由从事经营活动并且办理税务登记的纳税人领购。

2. 两者的内容不同

专用发票除了具备销售单位、商品或者服务的名称、购买单位、商品或者劳务的数量、单价、开票单位、收款人、开票日期等普通发票具备的内容外，还包括不含增值税金额、适用税率、纳税人税务登记号、应纳增值税额等内容。

3. 两者的联次不同

专用发票有四个联次和七个联次两种，第一联为存根联（用于留存备查），第二联为发票联（用于购买方记账），第三联为抵扣联（用于购买方扣税凭证），第四联为记账联（用于销售方记账），七联次的其他三联为备用联，分别作为企业出门证、检查和仓库留存用；普通发票则只有三联，第一联为存根联（开票方留存以备查用），第二联为发票联（收执方付款或收款凭证），第三联为记账联（开票方记账凭证）。

二、专用发票最高开票限额管理

所谓最高开票限额，是指单份专用发票开具的销售额合计数不得达到的上限额度。

一般纳税人纳税辅导期一般应不少于6个月。在辅导期内，主管税务机关应积极做好增值税税收政策和征管制度的宣传辅导工作，同时按以下办法对其进行增值税征收管理：

第一，对小型商贸企业，主管税务机关应根据约谈和实地核查的情况对其限量限额发售专用发票，其增值税防伪税控开票系统最高开票限额不得超过1万元。专用发票的领购实行按次限量控制，主管税务机关可根据企业的实际年销售额和经营情况确定每次的专用发票供应数量，但每次发售专用发票数量不得超过25份。

第二，对商贸零售企业和大中型商贸企业，主管税务机关也应根据企业实际经营情况对其限量限额发售专用发票，其增值税防伪税控开票系统最高开票限额由相关税务机关按照现行规定审批。专用发票的领购也实行按次限量控制，主管税务机关可根据企业的实际经营情况确定每次的供应数量，但每次发售专用发票数量不得超过25份。

专用发票最高开票限额由一般纳税人申请,税务机关依法审批。最高开票限额2007年9月起由区县级税务机关审批。防伪税控系统的具体发行工作由区县级税务机关负责。

1. 开具限额为千万元及以上专用发票

(1) 经年审后正式认定的A类一般纳税人。

(2) 上年度应税销售额在1亿元以上。

(3) 注册资本在2000万元或固定资产在800万元以上。

(4) 使用10万元版以下专用发票的月用量在40份以上。

个别防伪税控企业虽不完全具备上述条件,但生产经营的单件产品价值在100万元以上,确实需要开具百万元版发票的。属于兼并、改制的企业,在兼并改制前使用百万元版专用发票的,兼并、改制后可批准继续使用百万元版专用发票。

2. 开具限额为百万元专用发票

(1) 正式认定的A类或B类一般纳税人。

(2) 上年度或本年度应税销售额在1000万元以上。

(3) 注册资本在300万元或固定资产在200万元以上。

(4) 使用万元版专用发票的月用量在40份以上。

个别防伪税控企业虽不完全具备上述条件,但生产经营的单件产品价值在10万元以上,确实需要开具10万元版发票的;或属于兼并、改制的企业,在兼并改制前已经使用10万元版专用发票的,兼并、改制后可批准继续使用10万元版专用发票。

3. 开具限额为10万元专用发票

(1) 除辅导期一般纳税人外具有专用发票领购条件的一般纳税人。

(2) 商贸企业结束辅导期转为正式一般纳税人后,原则上其增值税防伪税控开票系统最高限额不得超过1万元,对辅导期内实际销售额在300万元以上,并且足额缴纳了税款的,经审核批准,可开具金额在10万元以下的专用发票。

(3) 对于只开具金额在1万元以下专用发票的小型商贸企业,如有大宗货物交易,可凭国家公证部门公证的货物交易合同,经主管税务机关审核同意,适量开具金额在10万元以下的专用发票,以满足该宗交易的需要。

4. 提交申请材料

(1) 工商营业执照复印件一份(原件须携带进行核对)。

(2) 一般纳税人认定表复印件一份（原件须携带进行核对）。

(3) 主管税务机关已签署意见的《防伪税控企业认定表》复印件一份（原件须携带进行核对）。

(4) 申请报告。

(5)《税务行政许可申请表》。

(6)《最高开票限额申请表》。

三、专用发票增购管理

一般纳税人因需要增购专用发票的，应先依据已领购并开具的正数专用发票上注明的销售额按4%征收率向主管税务机关预缴税款，同时应将领购并已开具的专用发票自行填写清单，连同已开具专用发票的记账联复印件一并提交税务机关核查。主管税务机关应对纳税人提供的专用发票清单与专用发票记账联进行核对，并确认企业已经缴纳预缴税款之后，允许纳税人继续领购专用发票。

1. 纳税人办理业务的时限要求

一般纳税人在领购的专用发票数量不能满足经营需要时，可根据经营需要向主管税务机关提出增购专用发票申请。

2. 税务机关承诺时限

提供资料完整、填写内容准确、各项手续齐全，按规定预缴税款之后，税务机关应当场办结。

3. 专用发票增购应提供的材料

(1)《增值税专用发票开具清单》。

(2) 已开具专用发票记账联复印件。

4. 专用发票增购的流程

(1) 受理审核。

①从系统中查阅纳税人专用发票核定和领购信息。

②审核《增值税专用发票开具清单》相关项目填写是否完整准确，印章是否齐全。

③纳税人提供的已开具专用发票记账联复印件与《增值税专用发票开具清单》对应内容是否相符，复印件是否注明"与原件相符"字样并由纳税人签章。

④纸质资料不全或填写不符合规定的，应当场一次性告知纳税人补正或重新

填报。

⑤审核无误的，根据计算的预缴税款，开具税收完税凭证。

（2）核准。纳税人预缴税款后，调阅以下内容，对纳税人报送的资料进行审核：

①专用发票核定和领购信息。

②增值税申报信息。

审核无误后，按规定核准纳税人增购发票。

（3）资料归档。

四、专用发票代开管理

增值税纳税人发生增值税应税行为，需要开具专用发票时，可向税务机关申请代开专用发票。

增值税纳税人申请代开专用发票时，填写《代开增值税专用发票缴纳税款申报单》（以下简称"《申报单》"），连同税务登记证副本，在税款征收岗位申报缴纳税款。

纳税人申报缴纳的税款为《申报单》注明的货物或应税劳务全额税额。税务机关为纳税人代开专用发票业务免收发票工本费。

税款征收岗位审核无误后，按照《申报单》上注明的税额通过开票征收，在《申报单》上填写税收完税凭证电子号码并签章确认。之后，《申报单》退回纳税人。

增值税纳税人缴纳税款后，凭《申报单》和税务登记证副本，在代开专用发票岗位申请代开专用发票。

为增值税纳税人代开的专用发票应统一使用六联专用发票。代开专用发票岗位代开专用发票填写完成后，经检查确认无误的，由纳税人对《申报单》核对确认（经办人签字），代开专用发票岗位加盖税务机关代开发票专用章。第一至第四联次交增值税纳税人。

增值税纳税人在代开专用发票的备注栏上加盖本单位的财务专用章或发票专用章。

代开专用发票遇有销货退回、销售折让及发票填开错误等情形的，税务机关按照有关规定办理：

（1）如果纳税人退回代开专用发票的全部联次，且退票发生在开票当月，税务机关可对开具的专用发票进行作废；在未收回专用发票抵扣联及发票联，或虽已收回专用发票抵扣联及发票联，但购货方已将专用发票抵扣联报送税务机关认证的情况下，一律不得作废已开具的专用发票。

（2）如果纳税人退回代开专用发票全部联次，但退票发生在开票次月或以后月份，税务机关收回代开专用发票全部联次，并据此开具负数专用发票。

（3）如果纳税人不能退回代开专用发票全部联次，纳税人须取得购方主管税务机关出具的《进货退出或索取折让证明单》。税务机关依据《进货退出或索取折让证明单》开具负数专用发票。

◇ 第3堂　其他普通发票的使用和管理

一、普通发票的相关规定

为了让纳税人对普通发票有更加全面的了解，国家做出了以下规定：

（1）用票单位要建立起健全的普通发票管理制度，要选择政治业务素质较高的人对普通发票进行管理，并且要设有防霉、防湿、防盗、防火等设施，同时按照相关规定建立领用存双面账，以便让各自职责得以明确。

（2）普通发票需根据自身情况如实填写，不可弄虚作假，不可填开发票使用业务范围之外的其他业务；发票一式各联必须一次性填写完整，不可任意涂改，不可拆分填开；票面字迹要清晰、整洁；填写内容要详细，大小金额必须相符合，填开后要加盖填写经办人印章和填开单位财务业务专用章；不得盗用其他单位发票；不得填开未经税务机关准许的其他单位的发票；不得填开白条子等非法凭证代替发票；不得填开收款收据代替发票使用；付款单位或个人索要发票，不得拒绝填开。

（3）普通发票只限于用票单位自己使用保管发票。市到外县（市）填开。用票单位需按照相关规定填开、取得、印料

二、普通发票代开

普通税务机关依据提供劳务服务方或收款方的申请，代开普通

按照相关法律法规的规定，代向接受劳务服务方或付款方开具发票的一种行为。申请代开发票的单位和个人在进行这一行为时需要持相关证明，填写代开普通发票申请表，才可向主管税务机关申请代开普通发票。

1. 代开普通发票的范围

（1）纳税人虽然已经领购发票，但临时取得超过领购发票使用范围或超过领用发票开具限额之外的收入，则需要开具发票。通常情况下，那些已办理税务登记的纳税人需要使用发票的，需凭《发票领购簿》核准的种类、数量以及购票方式，向主管税务机关领购发票。

（2）停止发售发票的或者被税务机关依法收缴发票的纳税人，在取得经营收入后需开具发票。

（3）其他省、自治区、直辖市的纳税人到本辖区办理经营业务的，在原则上需要按照《税务登记管理办法》的相关规定，向经营地税务机关办理报验登记，开具发票；若因业务量小等原因开票频数少的，可以申请经营地税务机关代开。

（4）对于正在申请办理税务登记的单位和个人而言，对其自领取营业执照当天起至取得税务登记证件期间所取得的经营收入，需由主管税务机关代开发票。

（5）对于应该办理税务登记却尚未办理登记的单位和个人而言，主管税务机关要依法给予相应处理，并且在补办税务登记手续之后，对其自领取营业执照当天起至取得税务登记证件期间所取得的经营收入，需由主管税务机关代开发票。

（6）国家另有规定的，依法无需办理税务登记的单位和个人，临时取得的经营收入，需由主管税务机关代开发票。

2. 代开发票时需提供的证明材料

代开发票需提供以下证明材料：

（1）代开发票人的身份证件。

（2）接受劳务方或付款方对劳务服务项目或所购物品品名、单价、金额等出具的书面证明文

（3）若提供劳务在200　　　以下的纳税人需代开普通发票的，只需提供有效身份证明即可。

三、普通发票增额增量管理

根据国家相关法律法规的规定，在企业　　　　　　不能满足需要（即限额

额度小）时，可以到主管税务局办税服务厅"文书受理或综合业务"窗口办理"增值税普通发票增额增量业务"，其具体流程变更如下：

1. 发票审批权限

对纳税人申请临时增加开票限额、发票用量（以下简称"临时增额"、"临时增量"），最高开票金额在100万元以下的，由进驻办税服务厅的税源管理科首席审核代表审批，由政策法规科复审；对纳税人申请长期增加发票用量（以下简称"长期增量"）、增值税发票长期增加开票限额（以下简称"长期增额"），长期增额最高开票金额在10万元及以下的由进驻办税服务厅的税源管理科首席审核代表审批；长期增量及长期增额最高开票金额在10万元以上的及临时增额最高开票金额在100万元及以上的，由税源管理科初审、政策法规科复审、区局主管局长终审。

2. 发票临时增额、增量审批

（1）发票临时增额的审批。纳税人申请专用发票临时增额时，税源管理科首席审核代表应重点审核纳税人提供的购销合同，核实单个不可分割产品的单价是否超过临时增额标准。同时，应核实纳税人近12个月应税销售收入，如收入累计达到新限额标准，应辅导纳税人向税收管理员提出长期增额申请。

（2）发票临时增量的审批。纳税人申请发票临时增量时，应根据纳税人生产经营情况一次性予以增加当月用量。如纳税人核定当月最高购票数量低于近两个月纳税人实际用量的平均值时，纳税人应向税源管理科首席代表提出长期增量申请。

（3）发票临时增额、增量的监管。对专用发票临时增额的，政策法规科工作人员告知纳税人5日内前往税务机关缴销发票、恢复原来的开票限额。对超过5日未前往税务机关修改授权的，发票配售窗口工作人员应通过内部协查管理进行监控。

对专用发票临时增量、防伪税控普通发票临时增限及增量的，金税发行窗口工作人员在配售发票后当日内将发行信息修改回原核定限额与用量。

3. 发票长期增额、增量的审批

（1）发票长期增额的审批。对纳税人申请长期增额的，税收管理员按程序进行实地核查，填制《增值税一般纳税人资格认定及防伪税控系统最高开票限额申请查验报告》，如达到文件规定标准应及时予以审批。

（2）发票长期增量的审批。对纳税人申请长期增量的，税收管理员应以企业月平均用票量和近12个月用票量最多一月的实际开票量为参考，根据纳税人生产经营情况进行审批。原则上，纳税人单月最高购票数量应不低于近12个月实际用票量的平均值。

第4天 "营改增"纳税业务入门知识

◇ 第1堂 认识"营改增"

一、"营改增"的概述

随着中国财政税务改革的不断推进,一个"重头戏"亮相了,即营业税改增值税(以下简称"营改增")。

在国家对税制不断进行改革的过程中,我国的税制体系形成了两个一般流转税税种——增值税(适用于制造业)和营业税(适用于服务业)。其中,增值税的显著特征是避免重复征税,税负较轻。具体来说,就是增值税上一环节的销项税是下一环节的进项税,环环相扣形成抵扣链条,因此不存在重复征税的现象。营业税则存在重复征税的现象,税负较重。正是因为这个原因,才导致制造业与服务业之间的强大税负水平的差距,甚至对调整产业结构产生了"逆向"效应。

如今,我国正处于加快转变经济发展方式的攻坚时期,第三产业的发展,尤其是服务业的发展已经迫在眉睫,为了推进经济结构调整、提高国家的综合实力,国家进行了一系列的"营改增"的财税改革。

"营改增"的重大意义主要表现在以下几个方面:

(1)"营改增"有利于完善增值税体系,增加增值税收入。

1994年推行的生产型增值税存在诸多不完善的地方,如不准增值税纳税人抵扣机器设备等货物所含税额等。2009年,我国增值税虽然由生产型逐渐向消费型转变,已允许纳税人抵扣税额,但是相对于2012年开始逐步试行的"营改增"而言,此前的增值税链条依旧不尽完整。可以说,此次"营改增"增加了增值税收入，消除了重复征税，促进了分工，更有助于经济效益的提高。

（2）"营改增"有助于进一步提高相关产业的分工与专业化，使试点城市与地区获得收益，提高城市竞争力。

"营改增"在减轻相关产业消费者负担的同时还提高了分工和专业化，在很大程度上刺激了需求，对于试点行业是有利的。

（3）"营改增"消除了重复征税，使得社会再生产各个环节的税负下降，企业成本下降，物价降低。正因为这一连锁反应，才使通货膨胀水平有所降低。

从长远来看，营业税改增值税，能够促进产业之间、产业内部的分工与合作，有利于从整体上提高经济效益，同时又对政府间收入分配产生了巨大的影响。因为"营改增"涉及的两个税种（营业税和增值税）也是地方上的主要税种，这就要求地方政府尽快推行地方税制度改革，弥补因"营改增"所造成的地方税收损失。

二、营业税与增值税的区别

增值税是由国家税务局负责征收的一种税种，因此又被人们称为"国税"。它的征税对象是单位和个人就其商品流转过程中产生的增值额。从计税原理上说，增值税是对商品生产、流通、服务中多个环节的新增价值或商品的附加值征收的一种税。

而营业税则可看做是"地税"的一种。营业税的征税范围是建筑业、娱乐业、文化体育业、交通运输业、邮电通信业、金融保险业、服务业等行业。

可见，增值税与营业税是两个独立而不交叉的税种，也就是说，纳税人缴纳增值税时不缴营业税，缴纳营业税时不缴增值税。那么，营业税和增值税都有哪几方面的区别呢？

1. 征收对象不同

增值税的主要征税对象是商品销售额，且税负的转嫁程度高。营业税的主要征税对象是非商品销售额，且因具备直接税的特征，转嫁税负的难度较大。

2. 计税依据不同

增值税是价外税，营业税是价内税。因此在计算增值税时应当先将含税收入换算成不含税收入，即计算增值税的收入应当为不含税的收入。而营业税则是直接用收入乘以税率即可。

3. 税目和税率设计不同

在征收增值税时，不同商品的税目与税率不同；在征收营业税时，不同行业的税目与税率不同。之所以如此规定，是因为各个行业之间的盈利水平与税负能力存在一定差距。不过，也正是因为这样，才让各行业内部的水平保持平衡，才使国家的产业政策得到更好的实施，才促进了产业的调整与升级。

三、"营改增"试点推广

经国务院批准，财政部、国家税务总局于2011年联合下发了营业税改征增值税的试点方案。方案一经下达，就得到了各省、自治区、直辖市的高度重视。自2012年1月1日起，上海交通运输业与部分服务业就展开了营业税改征增值税试点行动。目前，货物劳务税收制度的改革也拉开了序幕。

截至2013年8月1日，"营改增"范围已经推广到全国。国务院决定从2014年1月1日起，将邮政服务与铁路运输业纳入"营改增"试点的范围内。自2014年6月1日起，电信业也已经成功纳入"营改增"试点范围。截至2014年8月，"营改增"已在下列各省市推广实施：

1. 广东

自2012年8月1日起，广东省面向社会组织实施试点准备与发票税控系统发行和安装，开展试点纳税人认定、培训、征管设备和系统调试等工作。在短短几个月的时间内，不仅制订了试点实施方案，还培训、核实了2万多试点纳税人，最重要的是，设立试点财政专项资金，对可能增加税负的企业给予了大力扶持。

2. 北京

为了推进营业税改增值税试点的改革步伐，北京市制定了过渡性财政扶持政策。自2012年9月1日起，对于税制转换期内依照新税制的相关规定计算的增值税较按照旧税制计算的营业税的确有明显增加的试点企业给予适当的财政扶持，帮助试点企业实现平稳过渡，以进一步调动试点企业的积极性。

3. 安徽

自2012年10月1日起，安徽省也成为"营改增"的主要试点城市之一。为了更好地支持与推进"营改增"试点工作，安徽省政府经过讨论，决定采用"八个到位"。其中，"八个到位"指组织力量要到位、宣传工作要到位、培训工作要到位、信息交接要到位、技术支撑要到位、政策保障要到位、模拟运行要到位、加强征管要到位。

4. 天津

天津于 2012 年 12 月 1 日完成"营改增"新旧税制的转换,在执行与推进税制改革道路上,天津始终遵循"力保平稳转换、加强组织协调、抢抓改革机遇"的原则,明确工作职责,细化工作要求,落实工作措施,全力支持税制改革。

5. 江西省峡江县

2013 年 8 月 1 日,江西省峡江县首张货运物流业专用发票在县国税局开出,至此标志着峡江县营业税改增值税试点的正式启动。

四、"营改增"后纳税地点和时间的确定

随着"营改增"税制的顺利推行,其纳税地点与时间也发生了相应的改变。

财税〔2013〕106 号文件附件 1《营改增实施办法》第四十一条规定:"增值税纳税义务发生时间为:(一)纳税人提供应税服务并收讫销售款项或者取得索取销售款项凭据的当天;先开具发票的,为开具发票的当天。收讫销售款项,是指纳税人提供应税服务过程中或者完成后收到款项。取得索取销售款项凭据的当天,是指书面合同确定的付款日期;未签订书面合同或者书面合同未确定付款日期的,为应税服务完成的当天。(二)纳税人提供有形动产租赁服务采取预收款方式的,其纳税义务发生时间为收到预收款的当天。(三)纳税人发生本办法第十一条视同提供应税服务的,其纳税义务发生时间为应税服务完成的当天。(四)增值税扣缴义务发生时间为纳税人增值税纳税义务发生的当天。"

财税〔2013〕106 号文件附件 1《营改增实施办法》第四十二条规定:"增值税纳税地点为:(一)固定业户应当向其机构所在地或者居住地主管税务机关申报纳税。总机构和分支机构不在同一县(市)的,应当分别向各自所在地的主管税务机关申报纳税;经财政部和国家税务总局或者其授权的财政和税务机关批准,可以由总机构汇总向总机构所在地的主管税务机关申报纳税。(二)非固定业户应当向应税服务发生地主管税务机关申报纳税;未申报纳税的,由其机构所在地或者居住地主管税务机关补征税款。(三)扣缴义务人应当向其机构所在地或者居住地主管税务机关申报缴纳扣缴的税款。"

五、"营改增"试点与企业"有关"

若想要判断"营改增"试点是否与企业"有关",需明确这样两条标准:第一条,企业是否经营《营业税改增值税试点实施办法》(以下简称"《试点实施办法》")中规定的应税服务;第二条,企业在经营的过程中是否涉及增值税的内容。

(1) 对于原缴纳营业税企业,判断"营改增"试点与该类企业"有关"的标准是:企业是不是提供《试点实施办法》中所规定的应税服务。如果企业提供《试点实施办法》中所规定的应税服务,就属于"营改增"的试点范围;如果企业不提供《试点实施办法》中所规定的应税服务,那么就暂时不属于"营改增"的试点范围。根据国务院部署,力争在"十二五"期间全面完成"营改增"改革,也就是说"十二五"期间,所有企业都有可能会被纳入"营改增"试点范围内,因此,需要时刻关注"营改增"的进展。

(2) 从表面上看,原缴纳增值税企业和这一次的"营改增"试点并无关系,但是"营改增"让企业的进项税额有所增加,所以从实质上来说还是存在一定关联的。

(3) 原兼营应缴增值税业务的营业税应税业务,提供《试点实施办法》的应税服务,因为经营《试点实施办法》的应税服务,所以被纳入"营改增"试点了。"营改增"试点会对企业的进项成本造成影响,让企业的进项税额增加。

(4) 原兼营应缴增值税业务的营业税应税业务,不提供《试点实施办法》的应税服务,因为仅仅经营属于增值税条例规定的业务,这次"营改增"试点会让企业的进项税额有所增加。

(5) 原兼营应缴增值税业务的营业税应税业务,提供《试点实施办法》的应税服务,同时兼营增值税条例规定业务与营业税税目的其他业务,因一时提供《试点实施办法》所规定的应税服务而被纳入"营改增"试点范围。此外,还要关注"兼营营业税税目其他业务",或许在将来会被纳入"营改增"试点范围。

注:

2013年5月24日,《财政部、国家税务总局关于在全国开展交通运输业和部分现代服务业营业税改征增值税试点税收政策的通知》(财税[2013]37号),在全国范围内的行业展开了"营改增"试点。

2013年12月12日,财政部、国家税务总局以财税[2013]106号印发《关于将铁路运输和邮政业纳入营业税改征增值税试点的通知》,《营业税改征增值税试点实施办法》作为《通知》附件一并印发。该《办法》分纳税人和扣缴义务人、应税服务，税率和征收率、应纳税额的计算，纳税义务、扣缴义务发生时间和纳税地点，税收减免，征收管理，附则8章53条，自2014年1月1日起执行。

◇ 第2堂 "营改增"征税范围的认定

一、"营改增"试点的征税范围

根据2013年12月12日《财政部、国家税务总局关于将铁路运输和邮政业纳入营业税改征增值税试点的通知》（财税〔2013〕106号）的相关规定，营业税试点的征税范围主要包括以下几个方面：

1. "营改增"试点中应税服务的增值税征收范围

目前，纳入"营改增"范围的应税服务有：邮政业、铁路运输业、交通运输业、信息技术服务、研发和技术服务、文化创意服务、物流辅助服务、有形动产租赁服务、鉴证咨询服务、广播影视服务。

（1）邮政业。中国邮政集团公司及所属邮政企业提供邮政汇兑、机要通信、邮政代理、邮件寄递等邮政服务活动，从营业税"邮电通信业"中分列为邮政业纳入"营改增"试点，具体包括：包裹（按照封装上的名址递送给特定单位或个人的独立封装的物品，其任何一边的尺寸不超过150厘米，长、宽、高合计不超过300厘米，重量不超过50千克）、函件（印刷品、邮资封片卡、信函、无名址函件和邮政小包等）等邮件寄递；邮票发行、邮政汇兑、报刊发行等邮政普遍服务；盲人读物、义务兵平常信函、机要通信与革命烈士遗物的寄递等邮政特殊服务。

（2）铁路运输业。根据《财政部、国家税务总局关于将铁路运输和邮政业纳入营业税改征增值税试点的通知》（财税〔2013〕106号）附件1《营业税改征增值税试点实施办法》所附的《应税服务范围注释》规定，铁路运输业属于本次"营改增"的范围。

（3）企业提供管道运输天然气服务（交通运输业）。根据《应税服务范围注释》的相关规定，交通运输业是指使用运输工具将货物或旅客送达目的地，使其空间位置得到转移的业务活动。包括陆路运输服务、水路运输服务、航空运输服务和管道运输服务。其中，管道运输服务是指通过管道设施输送液体、气体、固体物质的运输业务活动。

（4）研发和技术服务。根据关于将铁路运输和邮政业纳入营业税改征增值税试点的通知（财税［2013］106号）附件1《营业税改征增值税试点实施办法》所附的《应税服务范围注释》第三条第（一）项规定："研发和技术服务，包括研发服务、技术转让服务、技术咨询服务、合同能源管理服务、工程勘察勘探服务。"

（5）信息技术服务。根据关于将铁路运输和邮政业纳入营业税改征增值税试点的通知（财税［2013］106号）附件1《营业税改征增值税试点实施办法》所附的《应税服务范围注释》第三条第（二）项规定："信息技术服务，是指利用计算机、通信网络等技术对信息进行生产、收集、处理、加工、存储、运输、检索和利用，并提供信息服务的业务活动。包括软件服务、电路设计及测试服务、信息系统服务和业务流程管理服务。"

（6）文化创意服务。根据关于将铁路运输和邮政业纳入营业税改征增值税试点的通知（财税［2013］106号）附件1《营业税改征增值税试点实施办法》所附的《应税服务范围注释》第三条第（三）项规定："文化创意服务，包括设计服务、商标和著作权转让服务、知识产权服务、广告服务和会议展览服务。"

（7）物流辅助服务。根据关于将铁路运输和邮政业纳入营业税改征增值税试点的通知（财税［2013］106号）附件1《营业税改征增值税试点实施办法》所附的《应税服务范围注释》第三条第（四）项规定："物流辅助服务，包括航空服务、港口码头服务、货运客运场站服务、打捞救助服务、货物运输代理服务、代理报关服务、仓储服务、装卸搬运服务和收派服务。"

（8）有形动产租赁服务。根据关于将铁路运输和邮政业纳入营业税改征增值税试点的通知（财税［2013］106号）附件1《营业税改征增值税试点实施办法》所附的《应税服务范围注释》第三条第（五）项规定："有形动产租赁，包括有形动产融资租赁和有形动产经营性租赁。"

（9）鉴证咨询服务。根据关于将铁路运输和邮政业纳入营业税改征增值税试点的通知（财税［2013］106号）附件1《营业税改征增值税试点实施办法》所附的《应税服务范围注释》第三条第（六）项规定："鉴证咨询服务，包括认证服务、鉴证服务和咨询服务。"

（10）广播影视服务。根据关于将铁路运输和邮政业纳入营业税改征增值试点的通知（财税〔2013〕106 号）附件 1《营业税改征增值税试点实施办法》所附的《应税服务范围注释》第三条第（七）项规定："广播影视服务，包括广播影视节目（作品）的制作服务、发行服务和播映（含放映，下同）服务。"

根据财税〔2013〕106 号文附件 1《营改增实施办法》第十条规定，在境内提供应税服务，是指应税服务提供方或者接受方在境内。

下列情形不属于在境内提供应税服务：

（1）境外单位或者个人向境内单位或者个人提供完全在境外消费的应税服务。

（2）境外单位或者个人向境内单位或者个人出租完全在境外使用的有形动产。

（3）财政部和国家税务总局规定的其他情形。

2. 试点纳税人被视同提供应税服务的行为

根据财税〔2013〕106 号文附件 1《营改增实施办法》第十一条规定，单位和个体工商户的下列情形，视同提供应税服务：

（1）向其他单位或者个人无偿提供交通运输业、邮政业和部分现代服务业服务，但以公益活动为目的或者以社会公众为对象的除外。

（2）财政部和国家税务总局规定的其他情形。

2. 应税服务范围中的特殊规定

根据财税〔2013〕106 号附件《应税服务范围注释》第三条第（四）项规定，港口设施经营人收取的港口设施保安费按照"港口码头服务"征收增值税。

船舶代理服务，是指接受船舶所有人或者船舶承租人、船舶经营人的委托，经营办理船舶进出港口手续，联系安排引航、靠泊和装卸；代签提单、运输合同，代办接受订舱业务；办理船舶、集装箱以及货物的报关手续；承揽货物、组织货载，办理货物、集装箱的托运和中转；代收运费，代办结算；组织客源，办理有关海上旅客运输业务；其他为船舶提供的相关服务。

根据财税〔2011〕133 号第七条规定：

（1）除中国东方航空股份有限公司、上海航空有限公司、中国货运航空有限公司、春秋航空股份有限公司、上海吉祥航空股份有限公司、扬子江快运航空有限公司外，其他注册在试点地区的单位从事《试点实施办法》（财税〔2011〕111 号附件 1）中《应税服务范围注释》规定的航空运输业务，不缴纳增值税，仍按照现行营业税政策规定缴纳营业税（财税〔2012〕71 号第四条第三项第 5 款规定：注册在试点地区的单位从事航空运输业务缴纳增值税和营业税的有关问题另行通知)。

(2) 提供的旅客利用里程积分兑换的航空运输服务，不征收增值税。

(3) 根据国家指令无偿提供的航空运输服务，属于《试点实施办法》第十一条规定的以公益活动为目的的服务，不征收增值税。

(4) 试点航空企业的应征增值税销售额不包括代收的机场建设费和代售其他航空运输企业客票而代收转付的价款。

(5) 试点航空企业已售票但未提供航空运输服务取得的逾期票证收入，不属于增值税应税收入，不征收增值税。

注：2013年12月，《财政部、国家税务总局关于将铁路运输和邮政业纳入营业税改征增值税试点的通知》（财税［2013］106号）及附件《应税服务范围注释》，规定自2014年1月起正式启动。

二、在"营改增"范围内的经营业务

纳税人关于自行经营业务是否属于《应税服务范围注释》规定的征税范围的问题，可以在《应税服务范围注释》中找到解答。如果纳税人经营业务属于《应税服务范围注释》规定的增值税征税范围，应该进一步明确是哪一种应税项目，其适用税率是多少。

纳税人对经营业务是否属于《应税服务范围注释》无法做出明确判断的，需要向当地税务机关咨询。

三、确定企业经营项目属于"营改增"范围的步骤

企业若想要判断经营项目是否属于"营改增"范畴之内，需经过以下几个步骤：

第一步，依据《应税服务范围注释》规定，纳税人要明确其经营业务是否属于《应税服务范围注释》所规定的应税范围之内。

第二步，依据《应税服务范围注释》规定，纳税人要明确其工商登记经营范围是否属于《应税服务范围注释》所规定的应税范围之内。

第三步，对于是否属于《应税服务范围注释》已作出明确判断的纳税人，需进一步明确属于哪一种应税服务，适用税率是多少。

第四步，对于是否属于《应税服务范围注释》无法明确判断的纳税人，可以

向当地的国税机关进行咨询。

◇ 第3堂 "营改增"的会计处理

一、试点纳税人差额征税的会计处理

财会[2012]13号文规定，一般纳税人在试点期间依照"营改增"的相关规定，允许从销售额中扣除其支付给非试点纳税人价款的，需在"应交税费——应交增值税"的科目下增设"营改增抵减的销项税额"的专栏，以明确记录企业因按规定扣减销售额而减少的销项税额。同时，主营业务成本、劳务成本、主营业务收入等相关科目需要按照经营业务种类的不同进行准确核算。在实际操作中，主要按照以下两种情况进行会计处理。

（1）对接受应税服务（即进行差额征税账务处理）的企业来说，在企业接受应税服务时，按照规定允许扣减销售额而减少的销项税额，借记"应交税费——应交增值税（营改增抵减的销项税额）"科目，按应付金额或实际支付与上述增值税额差额，借记"主营业务成本"、"劳务成本"等科目，贷记"银行存款"、"应付账款"等科目。

（2）对期末一次性进行差额征税账务处理的企业来说，在企业接受应税服务时，按照应付金额或实际支付，借记"主营业务成本"、"劳务成本"等科目，贷记"银行存款"、"应付账款"等科目；在期末，按照规定允许扣减销售额而减少的销项税额，借记"应交税费——应交增值税"科目，贷记"主营业务成本"、"劳务成本"等科目。

二、增值税期末留抵税额的会计处理

对于试点地区兼有的应税服务的原增值税的纳税人而言，其截止到试点当月月初的增值税留抵税额需按照"营改增"的相关规定，不允许从应税服务的销项税额中抵扣的，应在"应交税费"的科目下增设"增值税留抵税额"的明细科目。

开始试点的当月月初，企业需按照不允许从应税服务的销项税额中抵扣的增值税留抵税额，借记"应交税费——增值税留抵税额"科目，贷记"应交税费——应交增值税"科目。待到以后允许抵扣时，才可按照允许抵扣的金额借记

"应交税费——应交增值税"科目,贷记"应交税费——增值税留抵税额"科目。

三、取得过渡性财政扶持资金的会计处理

在"营改增"税制转换期间,试点的纳税人因为税负增加而选择向税务机关申请取得财政扶持资金的,需要经过税务机关的核实批准才可。若有相关资料证明企业的确符合财政扶持政策所制定的标准,且预计可以收到财政扶持资金的,需按照应收金额,借记"其他应收款"科目,贷记"营业外收入"科目。等到实际收到财政扶持资金时,需按照实际收到金额,借记"银行存款"科目,贷记"其他应收款"科目。

四、"二项费用"抵减增值税额的会计处理

为减轻纳税人负担,经国务院批准,自2011年12月1日起,增值税纳税人购买增值税税控系统专用设备支付的费用以及缴纳的技术维护费(以下称"二项费用")可在增值税应纳税额中全额抵减。现将有关政策通知如下:

(1)增值税纳税人2011年12月1日(含,下同)以后初次购买增值税税控系统专用设备(包括分开票机)支付的费用,可凭购买增值税税控系统专用设备取得的专用发票,在增值税应纳税额中全额抵减(抵减额为价税合计额),不足抵减的可结转下期继续抵减。增值税纳税人非初次购买增值税税控系统专用设备支付的费用,由其自行负担,不得在增值税应纳税额中抵减。

增值税税控系统包括:增值税防伪税控系统、货物运输业专用发票税控系统、机动车销售统一发票税控系统和公路、内河货物运输业发票税控系统。

增值税防伪税控系统的专用设备包括金税卡、IC卡、读卡器或金税盘和报税盘;货物运输业专用发票税控系统专用设备包括税控盘和报税盘;机动车销售统一发票税控系统和公路、内河货物运输业发票税控系统专用设备包括税控盘和传输盘。

(2)增值税纳税人2011年12月1日以后缴纳的技术维护费(不含补缴的2011年11月30日以前的技术维护费),可凭技术维护服务单位开具的技术维护费发票,在增值税应纳税额中全额抵减,不足抵减的可结转下期继续抵减。技术维护费按照价格主管部门核定的标准执行。

(3)一般纳税人支付的二项费用在增值税应纳税额中全额抵减的,其专用发

票不作为增值税抵扣凭证，其进项税额不得从销项税额中抵扣。

（4）纳税人购买的增值税税控系统专用设备自购买之日起3年内因质量问题无法正常使用的，由专用设备供应商负责免费维修，无法维修的免费更换。

（5）纳税人在填写纳税申报表时，对可在增值税应纳税额中全额抵减的增值税税控系统专用设备费用以及技术维护费，应按以下要求填报：增值税一般纳税人将抵减金额填入《增值税纳税申报表（适用于增值税一般纳税人）》第23栏"应纳税额减征额"。当本期减征额小于或等于第19栏"应纳税额"与第21栏"简易征收办法计算的应纳税额"之和时，按本期减征额实际填写；当本期减征额大于第19栏"应纳税额"与第21栏"简易征收办法计算的应纳税额"之和时，按本期第19栏与第21栏之和填写，本期减征额不足抵减部分结转下期继续抵减。

（6）主管税务机关要加强纳税申报环节的审核，对于纳税人申报抵减税款的，应重点审核其是否重复抵减以及抵减金额是否正确。

（7）税务机关要加强对纳税人的宣传辅导，确保该项政策措施落实到位。

第5天　增值税纳税业务入门知识

◇ 第1堂　认识增值税

一、增值税的概念和类型

增值税是流转税的一种，主要针对那些在我国境内销售货物或者提供加工、修理修配劳务及进口货物的单位或个人在取得货物或应税劳务的销售额（目前现代服务业、交通运输业等行业也已经纳入增值税的范畴）及进口货物的金额计算税款时进行税款抵扣而制定的税种。之所以称其为"增值税"，主要因为它是针对商品在生产、流转过程中的新增价值或商品附加值征收的税款。

从增值税的基本含义中不难看出，理论上增值税的计税依据应该是商品、劳务的增值额，可是在实际运行中，国家法定增值额与理论增值额会有所不同，其最主要的不同之处就是对购入固定资产的增值税是不是允许抵扣。

根据扣除项目中对外购固定资产处理方法的不同，可将增值税分为生产型增值税、收入型增值税和消费型增值税三种类型，它们各自的特点与法定增值额的内容如表5-1所示。

表5-1　增值税的类型

类型	特点	法定增值额
生产型增值税	不扣除购入固定资产价值中所含的增值税款，生产经营过程中固定磨损的那部分转移价值（折旧）也不考虑	等于工资+租金+利息+利润+折扣
收入型增值税	可以按照磨损程度相应地扣除购入固定资产价值中所含的增值税款	类似国民收入
消费型增值税	允许在购置当期全部一次性扣除购置物质材料的价值和用于生产、经营的固定资产价值中所含的增值税款	课税对象仅限于当期生产销售的所有消费品，不包括生产资料部分

需要注意的是，1994~2008 年我国实行的是生产型增值税，从 2009 年 1 月 1 日开始实行消费型增值税，允许把用于生产、经营的固定资产中所包含的全部税款，在购置中一次性全部扣除。

二、增值税的主要特点

增值税是 20 世纪 50 年代在法国首先施行的一种新税种，之后陆续被世界上 100 多个国家与地区采用，目前还有很有国家准备实行。增值税之所以能得到诸多国家的认可，是因为它有不同于其他税种的独有特征。那么，增值税都具有哪些特点呢？

1. 征税对象并非纳税人的流转额，而是将流转额中的新增部分作为征收对象

增值税与其他的流转税不同，其最突出之处就是它的征税对象并非纳税人的全部流转额，而是经过部分扣除的流转额。扣除之后的流转额，在理论上被认为相当于劳动创造的全新价值。但是从总体上来说，倘若将生产某一商品的所有相关企业在生产该商品过程中新创造的价值相加，便是这个商品的总价值，即为完整的流转额。因此，从此种意义上来说，增值税依然被看作对流转额课征的一个税种。

2. 征税对象与企业的真实收入极为相近，税收负担更为合理

纳税人的税收负担能力总是与其真实收入密切相关的。在企业流转额相同的情况下，成本的高低就决定了企业真实收入的差距。所以，直接对企业的真实收入征税，比通过企业的流转额间接地对它的真实收入征税，在承担税收方面更为合理。因此，同按流转全额课征的其他流转税比较，增值税更能适应客观经济情况。

3. 增值税能够较好地体现税收的中性，税收负担更为公平

中性税收指税收对于企业生产决策、生产组织形式等经济行动不构成任何影响，而是在市场的引导下对资源的配置起到主导性、基础性的作用。国家在制定税制时主要遵循不干扰消费者的消费选择与经营者的投资决策的原则。

此外，增值税还具有逐环节征税、税基广阔等特点。也正是因为其所具备的特殊性质，才让世界上越来越多的国家关注并完善增值税，且最终为己所用。

三、增值税增值额的确定

增值额指纳税人在提供某项服务或销售某种商品后取得的收入价格与服务或商品的外购价格之间存在的差额。增值税的税率由纳税人销售商品种类决定，分

别是 17%、13% 和 0 税率。倘若你购买的商品是 45 万元（不含税），销售价是 50 万元，那么你就从中得到了 5 万元的增值额，税金是 8500（50000×17%）。

四、增值税征收的一般规定

因为小规模纳税人的年销售额在规定标准以下，会计核算不健全，导致销项税额与进项税额不能得到准确的数字，而这种情况是不能使用专用发票的，所以，一般实行按销售额与征收率计算应纳税额的简易方法。根据国务院相关规定，小规模纳税人依照 3% 的税率征收增值税。当然，这仅是针对小规模纳税人而言，对于一般纳税人国务院又有哪些特殊规定呢？

根据现行增值税法的相关规定，纳税人销售或生产特定货物，不管是一般纳税人还是小规模纳税人，都要按照简易方法计算应纳税额。

1. 纳税人销售下列特定货物，按照 4% 征收税率计算纳税

（1）销售旧货。

（2）经过有关部门批准之后的免税商店零售免税货物。

（3）对拍卖行受托拍卖增值税应税货物，向买方收取的全部价格与价外费用，按照 4% 的征收率收增值税。

（4）寄售商店代销寄售商品。

（5）典当业销售死当商品。

根据财税〔2013〕106 号文附件 2《营业税改征增值税试点有关事项的规定》："按照《试点实施办法》和本规定认定的一般纳税人，销售自己使用过的本地区试点实施之日（含）后购进或者自制的固定资产，按照适用税率征收增值税；销售自己使用过的本地区试点实施之日前购进或者自制的固定资产，按照现行旧货相关增值税政策执行。使用过的固定资产，是指纳税人根据财务会计制度已经计提折旧的固定资产。"

《关于部分货物适用增值税低税率和简易办法征收增值税政策的通知》（财税〔2009〕9 号）第二条第（二）项规定："纳税人销售旧货，按照简易办法依照 4% 征收率减半征收增值税。"

2. 一般纳税人生产下列货物，可按简易办法依照 6% 的征收率计算缴纳增值税

（1）建筑行业所用的建筑材料，譬如石料、砂等。

（2）自己挖掘的石料、砂等连续生产的砖瓦、石灰。

(3)在原料中混有粉煤灰、烧煤锅炉的炉底渣、石煤以及其他废液生产的墙体材料。

(4)微生物代谢产物、动物毒素、微生物等制成的生物制品。

(5)一般纳税人生产销售的混凝土，依照规定征收增值税的，从2000年1月1日开始依照6%的征收率征收增值税，但不得使用专用发票。

对于生产第(1)、第(2)项货物的一般纳税人而言，也可以不依照简易办法计算缴纳增值税。

◇ 第2堂　增值税的纳税人和征税范围

一、增值税一般纳税人的认定标准和程序

由于增值税纳税人的数量众多，不管从经营规模还是管理水平上，都存在很大的差异。一般纳税人作为增值税的主要征纳对象，并非所有的单位或个人都有资格成为一般纳税人，对此，国家制定了认定标准和程序。

《增值税一般纳税人资格认定管理办法》(国家税务总局令第22号)对增值税一般纳税人的认定标准做了以下规定：

(1)增值税纳税人(以下简称纳税人)，年应税销售额超过财政部、国家税务总局规定的小规模纳税人标准的，除以下第(3)条规定外，应当向主管税务机关申请一般纳税人资格认定。

所谓年应税销售额，是指纳税人在连续不超过12个月的经营期内累计应征增值税销售额，包括免税销售额。

(2)年应税销售额未超过财政部、国家税务总局规定的小规模纳税人标准以及新开业的纳税人，可以向主管税务机关申请一般纳税人资格认定。

对提出申请并且同时符合下列条件的纳税人，主管税务机关应当为其办理一般纳税人资格认定：

①有固定的生产经营场所；

②能够按照国家统一的会计制度规定设置账簿，根据合法、有效凭证核算，能够提供准确税务资料。

(3)下列纳税人不办理一般纳税人资格认定：

①个体工商户以外的其他个人；

②选择按照小规模纳税人纳税的非企业性单位；

③选择按照小规模纳税人纳税的不经常发生应税行为的企业。

一般纳税人的认定程序：

（1）一般纳税人向主管税务机关提出申请。

（2）填写《增值税一般纳税人申请认定表》，并且附送以下资料：

①《税务登记证》副本。

②财务负责人和办税人员的身份证明及其复印件。

③会计人员的从业资格证明或者与中介机构签订的代理记账协议及其复印件。

④经营场所产权证明或者租赁协议，或者其他可使用场地证明及其复印件。

⑤国家税务总局规定的其他有关资料。

（3）主管税务机关审核纳税人申请后，依照规定要求进行查验，并且制作查验报告。

（4）认定机关应该从主管税务机关接受审理之后的20日内完成一般纳税人资格认定，并且由主管税务机关制作、送达《税务事项通知书》，并且告知纳税人。

需要注意的是，如果纳税人不符合一般纳税人认定条件、不予办理的，且没有在规定的时间内申请增值税一般纳税人资格认定的，应该在收到《税务事项通知书》之后的10日内向主管税务机关报送《不认定增值税一般纳税人申请表》，经主管机关认定且批准后不办理一般纳税人的资格认定。

二、增值税小规模纳税人的认定标准

国家增值税纳税人除了一般纳税人外，还有部分小规模纳税人，这些人虽不是增值税征纳的主要对象，但对于国家财政而言依然具有不可忽视的地位。

那么，具备哪些标准的纳税人才称得上是小规模纳税人呢？

（1）从事货物生产或提供应税劳务的纳税人，以及以从事货物生产或者提供应税劳务为主，并兼营货物批发或者零售的纳税人，应税销售额在50万元以下的。

（2）其他纳税人，年应税销售额在80万元以下的。

三、征收增值税的范围

增值税的征收范围，指的是对增值税征税对象的界限与内容，它确定了增值税课征的主要对象，包括商品生产、商品流通、劳务服务中多个环节的新增价值。

我国对于现行增值税的范围做了规定，增值税的征税范围主要包括货物的生产、批发、零售与进口四个环节，除此之外，应税服务也在增值税的征税范围之内。只要是在上述的四个环节中销售货物、提供加工与修理修配劳务和应税服务的，都需要按照规定缴纳增值税。

增值税范围特别规定：

（1）对工业生产中的废品与工业企业（含非工业企业）、商业企业的下脚料与废旧包装物等进行销售时，需要按照销售货物补缴增值税。

（2）货物期货，需要在进行期货实物交割时缴纳增值税。

（3）银行销售金银需要缴纳增值税。

（4）寄售商店代销的寄售物品，典当行销售的死当物品，需要缴纳增值税。

（5）基本建设单位与从事建筑安装业务的企业附设工厂生产的水泥预制构件、其他构件与建筑材料等，只要是用于本企业或本单位的建筑工程的，应该被视为对外销售，在转送使用时应缴纳增值税。不过，对其在建筑现场制造的预制构件，只要直接用于本企业或本单位建筑工程的，不需要缴纳增值税。

（6）罚没商品要根据不同的情况给予不同程度的处理。

（7）电力公司向发电企业收取的过网费，需要缴纳增值税，但不缴纳营业税。

（8）印刷行业在受到出版社的委托之后，要在自行购买纸张后印刷具备统一刊号（CN）以及采用国际标准书号编序的图书、报纸和杂志按照货物销售缴纳增值税。

（9）货物的生产企业为了保证产品的售后服务，需要支付给企业经销单位部分修理费用，作为经销企业为用户提供售后服务的费用支出，对经销单位从货物生产企业取得的"三包"收入，需要按照"修理修配"缴纳增值税。

（10）缝纫应该缴纳增值税。

四、不属于增值税征税范围的货物和收入

按照财政部、国家税务总局的相关规定，并非所有货物与收入都需要征收增值税，譬如，以下货物与收入就不在征收增值税的范围之内：

（1）再生资源、资源综合利用、节能减排等，免征增值税。

（2）自 2008 年 6 月 1 日起，纳税人生产、零售、批发有机肥产品，免征增

值税。

（3）对农民专业合作社提出的免征增值税的相关政策：

①对农民专业合作社销售本社成员生产的农产品，免征增值税。

②对农民专业合作社向本社成员销售的种子、种苗、农药、化肥、农膜、农机，免征增值税。

（4）对免税店销售免税品提出的免征增值税的相关政策：

纳税人在销售免税品时统一开出口发票，不可以使用防伪税控专用器具开出的增值税普通发票或者专用发票。

（5）除经中国人民银行和商务部批准经营融资租赁业务的单位之外的其他单位从事的融资租赁业务，租赁货物所有权转让承租方的，征收增值税，若未转让，不征增值税。

（6）在转让企业全部产权时所涉及的部分应税货物的转让，免征增值税。

（7）对于从事电力、燃气、热力等公用事业的纳税人收取一次性费用，只要与货物的销售数量有直接关系，征收增值税；若无直接关系，免征增值税。

（8）纳税人代有关行政管理部门收取的费用，只要符合规定条件，且不在价外费用的范围内，免征增值税。

（9）纳税人在销售软件的同时收取一定的软件安装费、培训费等，需要依照增值税混合销售的相关规定征收增值税，并且可以享受到软件产品增值税即征即退的政策。

①在软件交付使用后，按次或者按期收取的技术服务费、产品维护费等免征增值税。

②纳税人受托开发软件产品，著作权属于受托方的需要征收增值税，著作权属于委托方或属于双方共同拥有的不征收增值税。对经过国家版权局注册登记，纳税人在销售时一并转让著作权、所有权的，不征收增值税。

（10）对增值税纳税人收取的会员费不征收增值税。

（11）按债转股企业与金融资产管理公司签订的债转股协议，债转股原企业将货物资产作为投资提供给债转股新公司的，免征增值税。

（12）纳税人在资产重组的时候，通过分立、合并、出售、置换等方式，把实物资产和相关的债权或劳动力一起转让给其他的个人或单位，其中涉及的货物转让，不征收增值税。

◇ 第3堂　增值税计税方法和税额计算

一、增值税的计税方法

增值税应纳税额的计算方法又叫增值税的计税方法，其主要分为三种，即税基相减法、税基列举法、购进扣税法。下面是对这三种计算方法的具体介绍。

1. 税基相减法

税基相减法，就是从销售收入中减去同期需要扣除的项目金额，得出增值额后与适用的税率相乘。其计算公式为：

应纳税额 = 增值额 × 税率 = （当期应税销售收入额 − 应扣除项目金额）× 税率

2. 税基列举法

税基列举法，就是将构成增值额的各项相加，再与适用的税率相乘。其计算公式为：

应纳税额 = 增值额 × 税率 = （工资 + 利息 + 租金 + 利润 + 其他增值项目）× 税率

3. 购进扣税法

购进扣税法，又叫做进项税额扣除法、税额扣减法，就是先用销售额与税率相乘，得到销项税额，之后再减去同期各项外购项目的已纳税额，最终得到应纳税额。其计算公式为：

应纳税额 = 增值额 × 税率 = （产出 − 投入）× 税率 = 销售额 × 税率 − 同期外购项目已纳税额 = 当期销项税额 − 当期进项税额

二、一般纳税人应纳增值税额的计算

一般纳税人主要实行凭借增值税的专用发票购进扣税法。一般纳税人在提供劳务或销售货物的时候，应纳税额是当期销项税额抵扣当期进项税额后的余额。其计算公式是：

应纳税额 = 当期销项税额 − 当期进项税额

1. 销项税额的计算

销项税额指纳税人提供劳务或销售货物，依照应税劳务收入或销售额与适用

税率计算并向购买方收取的增值税税额。其计算公式为：

销项税额＝不含税销售额×税率

一般纳税人应税劳务或销售货物采用销售额和销项税额合并定价法的，要将不含税的计税销售额从合并的价格中分离出来，换句话说，就是将含税销售额变为不含税销售额。其计算公式为：

不含税销售额＝含税销售额÷(1＋税率)

从上述公式中不难看出，销项税额的计算完全取决于不含税销售额与税率两个因素，其中税率是固定、统一的，所以关键是确定不含税销售额。关于不含税销售额有以下系列的规定：

(1) 一般销售方式下的销售额。根据《增值税暂行条例》第六条规定，销售额为纳税人销售货物或者应税劳务向购买方收取的全部价款和价外费用，但是不包括收取的销项税额。

《增值税暂行条例实施细则》第十二条对价外费用做了规定：价外费用，包括价外向购买方收取的手续费、补贴、基金、集资费、返还利润、奖励费、违约金、滞纳金、延期付款利息、赔偿金、代收款项、代垫款项、包装费、包装物租金、储备费、优质费、运输装卸费以及其他各种性质的价外收费。但下列项目不包括在内：

①受托加工应征消费税的消费品所代收代缴的消费税；

②同时符合以下条件的代垫运输费用：

a. 承运部门的运输费用发票开具给购买方的；

b. 纳税人将该项发票转交给购买方的。

③同时符合以下条件代为收取的政府性基金或者行政事业性收费：

a. 由国务院或者财政部批准设立的政府性基金，由国务院或者省级人民政府及其财政、价格主管部门批准设立的行政事业性收费；

b. 收取时开具省级以上财政部门印制的财政票据；

c. 所收款项全额上缴财政。

④销售货物的同时代办保险等而向购买方收取的保险费，以及向购买方收取的代购买方缴纳的车辆购置税、车辆牌照费。

(2) 特殊方式下的销售额。为了达到促销的目的，销售方会采取各种各样的方式进行销售活动。当然，销售额也会因为销售方式的不同而有所差异。对不同

销售方式下如何确定其计税销售额,税法作出了以下相关规定:

①采取折扣、折让方式下的销售额。折扣是销售方为了达到销售的目的,对购货方采购量的多少或支付货款的时间实行的一种优惠销售形式。

a.折扣销售。折扣销售是企业为了达到鼓励购买者批量采购的目的,而在价格上给予的一定数额的折扣,简单地说,就是买得越多,价格越低。折扣销售从商品价目表上规定的价单上直接扣除,扣除之后的数额才是实际销售价格。根据税法的相关规定,对于折扣销售,如果销售额和折扣额是在同一张发票上注明的,且为价格折扣,可以将折扣之后的余额作为销售额计算增值税。如果折扣额另开具发票,无论其如何核算,都不能从销售额中减除。

b.销售折让。销售折让,指销货方在购货方购买质量、品种等有问题的货物却未要求退货后所给予购货方的一种价格上的折扣优惠。

销售折让需要依照折让之后的货款销售额来计算增值税。

c.销售折扣。销售折扣,是企业为了尽快收回资金而给予购买者一定价格上的优惠。销售折扣是融资理财费用的一种,且在实现销售之后。我国税法规定,销售折扣要计入财务费用。

②以旧换新的销售方式。所谓以旧换新销售,就是说纳税人在销售自己的货物时,用一种折扣价格的方式收回同类货物的一种销售方式。我国税法中规定,纳税人欲采用以旧换新的方式销售货物,就需要按照新货物的同期销售价格确定销售额。因为销售货物与收购货物属于两种完全不同的业务活动,销售额与收购额不可以相互抵减。

不过,金银首饰除外。因为金银首饰以旧换新的业务,可以按销售方实际收取的不含增值税的全部价款征收增值税。

③还本销售方式下的销售额。还本销售是指销售方将货物销售出去之后,在约定时间内,将部分或全部货款一次或多次退还给购货方的一种销售方式。退还的货款就是还本支出。此种销售方式应纳增值税额在税法中有明确的规定,采取还本销售的方式销售货物,销售额即为货物的销售价格,不可以从销售额中直接扣除还本支出。

④混合销售和兼营销售方式下的销售额。《增值税暂行条例实施细则》第七条规定:"纳税人兼营非增值税应税项目的,应分别核算货物或者应税劳务的销售额和非增值税应税项目的营业额;未分别核算的,由主管税务机关核定货物或者

应税劳务的销售额。"《增值税暂行条例实施细则》第十三条规定："混合销售行为依照本细则第五条规定应当缴纳增值税的，其销售额为货物的销售额与非增值税应税劳务营业额的合计。"

⑤对视同销售货物行为以及价格明显偏低情况下的销售额。纳税人销售货物或者应税劳务的价格明显偏低并且无正当理由的，主管部门有权依照下列顺序确定销售额：

a. 按纳税人最近时期同类货物的平均销售价格确定。

b. 按纳税人当月同类货物的平均销售价格确定。

c. 按组成计税价格确定。组成计税价格的公式是：

组成计税价格 = 成本 × (1 + 成本利润率)

如果该货物还同时征收消费税，其组成计税价格中应加计消费税税额，则：

组成计税价格 = 成本 × (1 + 成本利润率) + 消费税税额

2. 进项税额的计算

进项税额指纳税人购进货物或应税劳务而向对方支付的增值税税额。通常，进项税额是在增值税发票上明确注明的。

为了正确抵扣进项税额，国家作出了以下规定：

（1）根据税法规定，准予从销项税额中抵扣的进项税额限于增值税扣税凭证上注明的增值税税额和按规定的扣除率计算的进项税额。具体是指：

①从海关取得的完税凭证上注明的增值税税额。

②从销售方取得专用发票上注明的增值税税额。

③从事废旧物资经营的一般纳税人收购的废旧物资不能取得专用发票的，根据经主管税务机关批准使用的收购凭证上注明的收购金额，按10%的扣除率计算的进项税额准予抵扣。

④一般纳税人向小规模纳税人购买的农产品或购进农业生产者销售的免税农业产品，按照买价和13%的扣除率计算进项税额准予抵扣。其计算公式为：

准予抵扣的进项税额 = 买价 × 扣除率

（2）不得从销售税额中抵扣的进项税额。

《增值税暂行条例》（第538号）第十条规定，下列项目的进项税额不得从销项税额中抵扣：

①用于非增值税应税项目、免征增值税项目、集体福利或者个人消费的购进

货物或者应税劳务；

②非正常损失的购进货物及相关的应税劳务；

③非正常损失的在产品、产成品所耗用的购进货物或者应税劳务；

④国务院财政、税务主管部门规定的纳税人自用消费品；

⑤本条第①项至第④项规定的货物的运输费用和销售免税货物的运输费用。

《增值税暂行条例》（第538号）第十一条规定，小规模纳税人销售货物或者应税劳务，实行按照销售额和征收率计算应纳税额的简易办法，并不得抵扣进项税额。

三、小规模纳税人应纳增值税额的计算

小规模纳税人销售货物、提供加工修理修配劳务或者应税服务所采用的计算增值税额的公式是：

应纳税额 = 不含税销售额 × 征收率 = 含税销售额 ÷ (1 + 征收率) × 征收率

需要注意的是：小规模纳税人（除其他个人外）销售自己使用过的固定资产，减按2%征收率征收增值税，其他一律按3%征收率征收增值税。

四、进口货物应纳增值税的计算

不管是一般纳税人还是小规模纳税人，凡是进口货物纳税人，都需要按照组成计税价格与规定的税率计算应纳税额，不得抵扣进项税额。

应纳税额 = 组成计税价格 × 税率

1. 组成计税价格的确定

通常情况下，进口货物增值税的组成计税价格中含已纳关税税额，若进口货物为消费税应税消费品，其组成计税价格中还含进口环节已纳消费税税额。

按照《进出口关税条例》《海关法》的相关规定，一般贸易项下进口货物的关税完税价格以海关审定的成交价格为基础的到岸价格作为完税价格。成交价格是一般贸易项下进口货物的买方为购买该项货物向卖方实际支付的价格；到岸价格是货价、货物运抵我国境内输入地点起卸前的运费、保险费与其他费用构成的一种价格。

特殊贸易项下进口的货物，因为在进口时没有"成交价格"作依据，为此，《进出口关税条例》对这些进口货物制定了完税价格的具体方法。

组成计税价格的计算公式是：

组成计税价格 = 关税完税价格 + 关税 + 消费税

或：

组成计税价格 = (关税完税价格 + 关税) ÷ (1 - 消费税税率)

2. 进口货物应纳税额的计算

纳税人在进口货物时，按照组成计税价格和适用的税率计征应纳税额，不可抵扣税额，简单地说，就是在计算进口环节的应纳税增值额时，不得抵扣发生在我国境外的各种税金。

应纳税额 = 组成计税价格 × 税率

符合抵扣范围的进口货物在海关缴纳增值税时，能够凭借海关完税凭证，从当期销项税额中抵扣。

五、出口货物退（免）增值税的计算

1. 生产企业出口货物劳务服务增值税免抵退税的计算

(1) 当期应纳税额的计算：

当期应纳税额 = 当期销售税额 - (当期进项税额 - 当期不得免征和抵扣税额) = 当期销售税额 - {当期进项税额 - [当期出口货物离岸价 × 外汇人民币折合率 × (出口货物适用税率 - 出口货物退税率) - 当期不得免征和抵扣税额抵减额]} = 当期销售税额 - {当期进项税额 - [当期出口货物离岸价 × 外汇人民币折合率 × (出口货物适用税率 - 出口货物退税率)] - [当期免税购进原材料价格 × (出口货物适用税率 - 出口货物退税率)]}

(2) 当期免抵退税额的计算：

当期免抵退税额 = 当期出口货物离岸价 × 外汇人民币折合率 × 出口货物退税率 - 当期免抵退税额抵减额 = 当期出口货物离岸价 × 外汇人民币折合率 × 出口货物退税率 - (当期免税购进原材料价格 × 出口货物退税率)

(3) 当期应退税额和免抵税额的计算：

①若当期期末留抵税额 ≤ 当期免抵退税额，则：

当期应退税额 = 当期期末留抵税额

当期免抵税额 = 当期免抵退税额 - 当期应退税额

②若当期期末留抵税额 > 当期免抵退税额，则：

当期应退税额 = 当期免抵退税额

当期免抵税额 = 0

当期期末留抵税额为当期增值税纳税申报表中"期末留抵税额"。

(4) 当期免税购进原材料价格包括当期国内购进的无进项税额且不计提进项税额的免税原材料的价格和当期进料加工保税进口料件的价格，其中当期进料加工保税进口料件的价格为组成计税价格。其计算公式为：

当期进料加工保税进口料件的组成计税价格 = 当期进口料件到岸价格 + 海关实征关税 + 海关实征消费税

① 采用"实耗法"的，当期进料加工保税进口料件的组成计税价格为当期进料加工出口货物耗用的进口料件组成计税价格。其计算公式为：

当期进料加工保税进口料件的组成计税价格 = 当期进料加工出口货物离岸价 × 外汇人民币折合率 × 计划分配率 = 当期进料加工出口货物离岸价 × 外汇人民币折合率 ×（计划进口总值 ÷ 计划出口总值 × 100%）

② 采用"购进法"的，当期进料加工保税进口料件的组成计税价格为当期实际购进的进料加工进口料件的组成计税价格。

若当期实际不得免征和抵扣税额抵减额大于当期出口货物离岸价 × 外汇人民币折合率 ×（出口货物适用税率 – 出口货物退税率）的，则其计算公式为：

当期不得免征和抵扣税额抵减额 = 当期出口货物离岸价 × 外汇人民币折合率 ×（出口货物适用税率 – 出口货物退税率）

2. 出口企业既有适用增值税免抵退项目也有增值税即征即退、先征后退项目的计算

增值税即征即退与先征后退项目不参与出口项目免抵退税计算。出口企业应分别核算增值税免抵退项目与增值税即征即退、先征后退项目，并分别申请享受增值税即征即退、先征后退与免抵退税政策。

用于增值税即征即退或者先征后退项目的进项税额无法划分的，按照下列公式计算：

无法划分进项税额中用于增值税即征即退或者先征后退项目的部分 = 当月无法划分的全部进项税额 × 当月增值税即征即退或者先征后退项目销售额 ÷ 当月全部销售额、营业额合计

3. 外贸企业出口货物劳务服务增值税免退税的计算

（1）外贸企业出口委托加工修理修配货物以外的货物：

增值税应退税额 = 增值税退（免）税计税依据 × 出口货物退税率

（2）外贸企业出口委托加工修理修配货物：

出口委托加工修理修配货物的增值税应退税额 = 委托加工修理修配的增值税退（免）税计税依据 × 出口货物退税率

4. 退税率低于适用税率的计算

退税率低于适用税率的，相应计算出的差额部分的税款计入出口货物的劳务成本。

◇ 第4堂　增值税纳税申报与税务处理

一、增值税的纳税申报

计算应纳税额的最终目的是进行纳税申报。那么，纳税人要如何进行增值税纳税申报呢？

1. 纳税申报应提供的材料

在进行纳税申报时，纳税人需携带纳税申报表及其附列资料和纳税申报其他资料。

（1）纳税申报表及其附列资料。一般纳税人纳税申报表及其附列资料包括：

①《增值税纳税申报表（一般纳税人适用）》。

②《增值税纳税申报表附列资料（一）》（本期销售情况明细）。

③《增值税纳税申报表附列资料（二）》（本期进项税额明细）。

④《增值税纳税申报表附列资料（三）》（应税服务扣除项目明细）。

一般纳税人提供应税服务，在确定应税服务销售额时，按照有关规定可以从取得的全部价款和价外费用中扣除价款的，需填报《增值税纳税申报表附列资料（三）》。其他情况不填写该附列资料。

⑤《增值税纳税申报表附列资料（四）》（税收抵减情况表）。

⑥《固定资产进项税额抵扣情况表》。

小规模纳税人纳税申报表及其附列资料包括：

①《增值税纳税申报表（小规模纳税人适用）》。

②《增值税纳税申报表（小规模纳税人适用）附列资料》。

小规模纳税人提供应税服务，在确定应税服务销售额时，按照有关规定可以从取得的全部价款和价外费用中扣除价款的，需填报《增值税纳税申报表（小规模纳税人适用）附列资料》。其他情况不填写该附列资料。

（2）纳税申报其他资料。

①已开具的税控"机动车销售统一发票"和普通发票的存根联。

②符合抵扣条件且在本期申报抵扣的防伪税控"专用发票"、"货物运输业专用发票"、税控"机动车销售统一发票"的抵扣联。按规定仍可以抵扣且在本期申报抵扣的"公路、内河货物运输业统一发票"的抵扣联。

③符合抵扣条件且在本期申报抵扣的海关进口增值税专用缴款书、购进农产品取得的普通发票、铁路运输费用结算单据的复印件。按规定仍可以抵扣且在本期申报抵扣的其他运输费用结算单据的复印件。

④符合抵扣条件且在本期申报抵扣的中华人民共和国税收缴款凭证及其清单、书面合同、付款证明和境外单位的对账单或者发票。

⑤已开具的农产品收购凭证的存根联或报查联。

⑥纳税人提供应税服务，在确定应税服务销售额时，按照有关规定从取得的全部价款和价外费用中扣除价款的合法凭证及其清单。

⑦主管税务机关规定的其他资料。

（3）纳税申报表及其附列资料为必报资料。纳税申报其他资料的报备要求由各省、自治区、直辖市和计划单列市国家税务局确定。

2. 增值税纳税申报的流程（网上申报）

（1）开具专用发票。开具专用发票主要是通过增值税的开票系统操作完成的。经税务机关认证后，纳税单位取得了一般纳税人的资格，同时就享有了安装增值税防伪开票系统的资格。

系统安装完成后，第一步是到税务机关购买增值税发票。有了发票之后，就可以开具发票了。这时需要特别注意，系统开具的发票是有顺序的，在打印实物发票之前一定要将系统开具发票的号码与从税务机关购得的实物发票号码进行仔细核准，再盖上单位发票专用章。

（2）增值税进项发票的认证。认证增值税进项发票在税务机关的认证系统下操作完成。纳税人在得到增值税进项发票后，就能够到税务机关大厅对增值税发票进行认证，之所以如此是为了确认增值税发票的真假，只有经过认证的发票才可以抵扣。

增值税发票认证的期限是自开票之日起90天内。

（3）抄报税。抄报税，是指将防伪开票系统开具发票的信息报送税务机关。经过抄税，税务机关确保所有开具的销项发票安全进入金税系统，就可由系统自动进行比对。

（4）纳税申报。抄报税完成后，企业就进入了本月增值税的纳税申报。通常情况下，上月留抵税加本月进项税额与销项税额之差就是本月留底税或应纳税额，其中销项税额根据本月销售收入与适应税率计算出。一般情况下，这个数字是不小于本月抄税中的销项税额的，这是因为存在未开票的销售收入，当然，也不排除小于的可能性，只是一旦小于，纳税申报就不能完成。

（5）税款缴纳。增值税纳税申报后，税务机关会自动开具税款缴纳的单据，国税局会将这些单据传送到银行，让银行进行转账。

增值税纳税申报表表格见表5-2、表5-3、表5-4、表5-5。

表5-2　增值税纳税申报表

（适用于一般纳税人）

税款所属时间：自　年　月　日至　年　月　日

填表日期：　年　月　日　　　　　　　　　金额单位：元（列至角分）

纳税人识别号				所属行业		
纳税人名称	（公章）	法定代表人姓名		注册地址		营业地址
开户银行及账号		企业登记注册类型			电话号码	

	项目	栏次	一般货物及劳务		即征即退货物及劳务	
			本月数	本年累计	本月数	本年累计
销售额	（一）按适用税率征税货物及劳务销售额	1				
	其中：应税货物销售额	2				
	应税劳务销售额	3				
	纳税检查调整的销售额	4				
	（二）按简易征税办法征税货物销售额	5				
	其中：纳税检查调整的销售额	6				
	（三）免、抵、退办法出口货物销售额	7			—	—
	（四）免税货物及劳务销售额	8			—	—
	其中：免税货物销售额	9				

续表

	项目	栏次	一般货物及劳务	即征即退货物及劳务
销售额	免税劳务销售额	10	—	—
	销项税额	11		
	进项税额	12		
	上期留抵税额	13	—	
	进项税额转出	14		
	免抵退货物应退税额	15	—	—
	按使用税率计算的纳税检查应补缴税额	16		
	应抵扣税额合计	17 = 12 + 13 − 14 − 15 + 16		
	实际抵扣税额	18（如 17 < 11，则为 17，否则为 11）		
税款计算	应纳税额	19 = 11 − 18		
	末期留抵税额	20 = 17 − 18	—	—
	简易征收办法计算的应纳税额	21		
	按简易征收办法计算的纳税检查应补缴税额	22		—
	应纳税额减征额	23		
	应纳税额合计	24 = 19 + 21 − 23		
税款缴纳	期初未缴税额	25		
	实收出口开具专用缴款书退税额	26		
	本期已缴税额	27 = 28 + 29 + 30 + 31		
	①分次预缴税额	28	—	
	②出口开具专用缴款书退税额	29	—	
	③本期缴纳上期应纳税额	30		
	④半期缴纳欠缴税额	31		
	期末未缴税额（多缴为负数）	32 = 24 + 25 + 26 − 27		
	其中：欠缴税额（≥0）	33 = 25 + 26 − 27	—	
	本期应补（退）税额	34 = 24 − 28 − 29		
	即征即退实际退税额	35	—	
	期初未缴查补税额	36		—
	本期入库查补税额	37		—
	期末未缴查补税额	38 = 16 + 22 + 36 − 37		—
授权声明	如果你已委托代理人申报，请填写下列资料：为代理一切事务事宜，先授权（地址）为本纳税人的代理申报人，任何与本申报表有关的往来文件，都可寄于此人。 授权人签字：	申报人声明	此纳税申报表是根据《中华人民共和国增值税暂行条例》的规定填报的，我相信它是真实的、可靠的、完整的。 声明人签字：	

以下由税务机关填写：

收到日期： 　　　　接收人： 　　　　主管税务机关盖章：

表5-3 增值税纳税申报表附列资料
（本期销售情况明细）

税款所属时间： 年 月 　　　　　纳税人名称：（公章）
填表日期： 年 月 日 　　　　　金额单位： 元（列至角分）

一、一般征收办法征收增值税货物的销售额和销项税额明细

项目	栏次	应税货物 17%税率 份数	应税货物 17%税率 销售额	应税货物 17%税率 销项税额	应税劳务 13%税率 份数	应税劳务 13%税率 销售额	应税劳务 13%税率 销项税额	小计 份数	小计 销售额	小计 销项税额
防伪税控系统开具的专用发票	1									
非防伪税控系统开具的专用发票	2									
开具普通发票	3									
未开具发票	4	—			—			—		
小计	5=1+2+3+4	—			—			—		
纳税检查调整	6	—			—			—		
合计	7=5+6	—			—			—		

二、简易征收办法征收增值税货物的销售额和应纳税额明细

项目	栏次	6%征收率 份数	6%征收率 销售额	6%征收率 应纳税额	4%征收率 份数	4%征收率 销售额	4%征收率 应纳税额	小计 份数	小计 销售额	小计 应纳税额
防伪税控系统开具的专用发票	8									
非防伪税控系统开具的专用发票	9									
开具普通发票	10									
未开具发票	11									
小计	12=8+9+10+11	—			—			—		
纳税检查调整	13									
合计	14=12+13									

三、免征增值税货物及劳务销售额明细

项目	栏次	免税货物 份数	免税货物 销售额	免税货物 税额	免税劳务 份数	免税劳务 销售额	免税劳务 税额	小计 份数	小计 销售额	小计 税额
防伪税控系统开具的专用发票	15			—			—			—
开具普通发票	16			—			—			—
未开具发票	17			—			—			—
合计	18=15+16+17			—			—			—

表 5-4 增值税纳税申报表附列材料

(本期销售情况明细)

税款所属时间：　年　月　　　　　　　　纳税人名称：（公章）
填表日期：　年　月　日　　　　　　　　金额单位：　元（列至角分）

一、申报抵扣的进项税额

项目	栏次	份数	金额	税额
（一）认证相符的防伪税控专用发票	1 = 2 + 3 + 23 + 35 − 25			
其中：本期认证相符且本期申报抵扣	2 = 35 − 24			
前期认证相符且本期申报抵扣	3 = 23 + 24 − 25			
（二）非防伪税控专用发票及其他扣税凭证	4 = 5 + 6 + 7 + 8 + 9 + 10			
其中：17%税率	5			
13%税率或扣除率	6			
10%扣除率	7			
7%扣除率	8			
6%扣除率	9			
4%扣除率	10			
（三）期初已征税款	11			
当期申报抵扣进项税额合计	12 = 1 + 4 + 11			

二、进项税额转出额

项目	栏次	税额
本期进项税转出额	13 = 14 + 15 + 16 + 17 + 18 + 19 + 20 + 21	
其中：免税货物用	14	
非应税项目用	15	
非正常损失	16	
按简易征收办法征税货物用	17	
免抵退办法出口货物不得抵扣进项税额	18	
纳税检查调减进项税额	19	
未经认证已抵扣的进项税额	20	
	21	

三、待抵扣进项税额

项目	栏次	份数	金额	税额
（一）认证相符的防伪税控专用发票	22			
初期已认证相符但未申报抵扣	23			
本期认证相符且本期未申报抵扣	24			
末期已认证相符但未申报抵扣	25			
其中：按照税法规定不允许抵扣	26			
（二）非防伪税控专用发票及其他扣税凭证	27 = 28 + 29 + 30 + 31 + 32 + 33 + 31 + 32 + 33 + 34			
其中：17%税率	28			
13%税率及扣除率	29			

续表

三、待抵扣进项税额				
项目	栏次	份数	金额	税额
10%扣除率	30			
7%扣除率	31			
6%征收率	32			
4%征收率	33			
	34			

四、其他				
项目	栏次	份数	金额	税额
本期认证相符的全部防伪税控专用发票	35			
初期已征税款挂账额	36			
初期已征税款余额	37			
代扣代缴税额	38			

表5-5 增值税纳税申报表
（适用于小规模纳税人）

税款所属时间：自　年　月　日至　年　月　日

纳税人登记号：　　　　　　　　　　　填表日期：　年　月　日

	法定代表人姓名		营业地址	
开户银行及账号	经济类型		电话	

货物或应税劳务名称	项目	销售额	征收率	本期应纳税额（销售额×征收率）	截至上期累计欠税额	本期已清理欠税额

授权代理人	（如果你已委托代理申报人，请填写下列资料）为代理一切税务事宜，现授权_____（地址）_____为本纳税人的代理申报人，任何与申报表有关的往来文件都可寄予此人。	声明	此纳税申报表是根据《中华人民共和国增值税暂行条例》的规定填报的，我相信它是真实的、可靠的、完整的。
	授权人签字：		声明人签字：

会计主管签字：　　　　代理申报人签字：　　　　纳税人盖章：

以下由税务机关填写：

收到日期		接收人		审核日期		主管税务机关盖章：
审核记录						核收人签字：

二、增值税纳税时间、地点和期限

增值税作为中国最主要的税种之一,其纳税时间、地点与期限都有具体而详细的规定。

1. 增值税的纳税时间

(1) 视同销售货物的行为,是货物移动的当天。

(2) 采取预收货款的方式销售货物,是货物发出的当天。

(3) 采取直接收款的方式销售货物,不管货物是不是发出,都是取得或收到销售额的凭据,并将提货单交给买方的当天。

(4) 采取分期付款的方式销售货物,为合同约定的收款日的当天。

(5) 采取委托银行收款的方式销售货物,为发出货物并且委托收手续的当天。

(6) 销售货物或提供应税劳务的,为收讫销售款或者取得索取销售凭据的当天。

(7) 进口货物,为报关进口的当天。

2. 增值税的纳税期限

增值税的纳税期限分别为1日、3日、5日、10日、15日、1个月或1个季度。纳税人以1个月或1个季度为1个纳税期的,自期满之日起15日内申报纳税;以1日、3日、5日、10日或15日为1个期纳税的,自期满之日起5日内缴纳税款,于次月1日起15日内申报纳税并且结清上个月应纳税款。以1个季度为纳税期限的规定只适用于小规模的纳税人。

3. 增值税的纳税地点

(1) 固定业户需要向其机构所在地的主管税务机关申报纳税。总机构和分支机构不在一个县(市)的,需要分别向各自所在地的主管税务机关申报纳税;在国家税务总局与其授权机构的批准下,可以由总机构汇总之后向总机构所在地主管税务机关申报纳税。

(2) 固定业户在其他县(市)销售货物的,需要向其机构所在地的主管税务机关申请开具外出经营税务的管理证明,并且向其机构所在地的税务机关申报纳税;未向销售地主管税务机关申报纳税的,由其机构所在地主管税务机关补征税款。

(3) 非固定业户销售货物或应税劳务,需要向销售地主管税务机关申报纳税。

(4) 进口货物,应该向报关地海关申报纳税。

三、增值税账务处理

本节所指的增值税账务处理以一般纳税人为例。因生产企业的一般纳税人的业务多样，核算复杂，更加能够体现增值税会计处理的全面性。而小规模纳税人的增值税核算较为简单，只要在"应交税费"的科目下设置"应交增值税"二级科目即可。借方反映实际上交的增值税，贷方反映应交的增值税；借方余额反映多交的增值税，贷方余额反映未交或欠交的增值税。

1. 会计科目的设置

增值税以不含增值税金的价格为计税依据，采用"外加计税"的方法计征税额。同时，还依据专用发票注明税额实行税款抵扣制度，按购进扣税法的原则计算应纳税额。正因如此，增值税在计算应纳税额时需分别计算货物、应税劳务的价款和税款。

依照现行税法的有关规定，一般纳税人应在"应缴税款"科目下设置"应交增值税"和"未交增值税"两个二级科目。

（1）"应交税费——应交增值额"科目。"应交税费——应交增值额"科目的借方发生额所反映的是企业接受应税劳务或购进货物所支付的进项税额、实际已缴纳的增值税及月末收入"未交增值税"明细科目的当月发生的应缴未缴增值税额；贷方发生额所反映的是提供应税劳务或销售货物应缴纳的增值税额、出口货物退税、转出已支付或应分摊的增值税以及月末转入"未交增值税"明细科目的当月多缴的增值税额；期末借方余额所反映的是企业尚未抵扣的增值税额。

在"应交税费——应交增值额"二级科目下，可以设置"进项税额"、"已交税金"、"减免款项"、"出口抵减内销产品应纳税额"、"转出未交增值税"、"销项税额"、"出口退税"、"进项税额转出"、"转出多交增值税"等明细科目，其具体内容如下：

① "进项税额"项目：记录企业接受应税劳务或购入货物而支付并准予从销项税额中抵扣的增值税额；用蓝字记入企业接受应税劳务或购入货物而支付的进项税额；用红字记入退回或折扣所购货物应冲销的进项税额。

② "已交税金"项目：记录企业本期（月）实际缴纳的增值税额。用蓝字记入企业已经缴纳的增值税额；用红字记入退回多缴纳的增值税额。

③ "减免款项"项目：记录企业在相关规定的认定下直接减免的，用于指定

用途的（改扩建或技术改造项目、新建项目、归还长期借款等）或未规定专门用途的、准予从销项税额中抵扣的增值税额。按照规定，用蓝字记入直接减免的增值税；用红字记入冲销直接减免的增值税。

④"出口抵减内销产品应纳税额"项目：记录企业直接出口或委托外贸企业代理出口的货物，按规定计算的免抵额。

⑤"转出未交增值税"项目：记录月终时企业于当月发生的应缴未缴增值税进行转账的数额。在会计上，进行转账核算之后，"应交税费——应交增值税"的期末余额并不将当期应缴未缴增值税额包括在内。

⑥"销项税额"项目：记录企业提供应税劳务或销售货物实际收取的增值税额。用蓝字记入企业提供应税劳务或销售货物应取得的销项税额，用红字记入销货退回或销售折让应冲减的销项税额。

⑦"出口退税"项目：记录适用退（免）税规定的企业出口货物，向海关办理报关出口手续后，持有关凭证（出口报关单等），向主管出口退税的税务机关申报，经审核批准之后，收回退税的税款。用蓝字记入出口退货应退回的增值税额，用红字记入出口货物办理退税后发生退货或者退关而补缴已退的增值税。

⑧"进项税额转出"项目：记录企业购进的货物、在产品、产成品等发生非正常损失以及其他的不应该从销项税额中抵扣的按规定转出的进项税额。用红字记入企业购进的货物、在产品、产成品发生冲销已转出的进项税额。

⑨"转出多交增值税"项目：记录企业月末将当月多缴增值税的转出额。进行转账后，"应交税费——应交增值税"期末余额将不再把多缴增值税因素包括在内。

（2）"应交税费——未交增值税"科目。"应交税费——未交增值税"科目的借方发生额所反映的是企业上缴以前月份未缴增值额和月末自"应交税费——应交增值税"科目转入的当月多缴增值税额；贷方发生额所反映的是企业月末自"应交税费——应交增值税"科目转入的当月未缴的增值税额；期末借方余额所反映的是企业多缴的增值税；期末贷方余额所反映的是企业未缴纳的增值税。

2. 会计处理方法

（1）增值税进项税额及其转出的会计处理。

①接受应税劳务进项税额的会计处理。生产企业在接受修理修配等应税劳务时，一般是与委托加工企业紧密相连的，应按所发材料的实际成本、支付的加工

费与运杂费，按照专用发票上注明的增值税税额，借记"原材料"、"制造费用"、"委托加工物资"、"管理费用"、"其他业务支出"等，按应付或实际支付的金额，贷记"应付账款"、"银行存款"等。

②购进固定资产进项税额的会计处理。企业购进用于固定资产建设项目的材料或购进设备，虽然取得的是专用发票，但所支付的增值税税额不可以作为进项税额从销项税额中抵扣，而应该计入"固定资产"、"在建工程"。

③投资转入货物进项税额的会计处理。在接受投资转入的货物时，企业要按照确认的投资货物价值（已扣除增值税，下同），借记"原材料"、"库存商品"等，按照专用发票上注明的增值税税额，借记"应交税费——应交增值税（进项税额）"，按照货物价值与增值税税额的合计数，贷记"实收资本"。若对方是以固定资产投资，且进项税额低于"应交税费——应交增值税（进项税额）"核算，直接计入固定资产的价值，按照投资确认的价值与增值税税额的合计数，借记"固定资产"，贷记"实收资本"。

④购入免税农业产品，按照购入农产品的买价和规定的扣除率计算的进项税额，借记"应交税费——应交增值税（进项税额）"，按买价扣除按规定计算的进项税额后的数额，借记"材料采购"、"原材料"等，按应付或实际支付的金额，贷记"应付账款"、"银行存款"等。

⑤接受捐赠货物进项税额的会计处理。在接受捐赠转入的货物时，企业按照确认的捐赠货物价值，借记"原材料"等，按照专用发票上注明的增值税税额，借记"应交税费——应交增值税（进项税额）"，按照货物价值和增值税税额的合计数，贷记"递延税款"。如果接受捐赠的货物属于固定资产，其进项税额不得抵扣，这部分进项税额应该计入固定资产的成本，即按投资确认的价值和增值税税额的合计数，借记"固定资产"，贷记"资本公积"、"递延税款"。

⑥外购材料进项税额的会计处理。

a. 发票与材料均已经收到并支付货款。企业外购的材料已经开具并承兑商业汇票，同时也收到销货方开出的专用发票的发票联和抵扣联，或验收入库且支付货款，按专用发票上注明的增值税额或允许抵扣的增值税额，借记"应交税费——应交增值税（进项税额）"科目，按材料的实际成本，借记"原材料"、"制造费用"等科目；按应付或实际支付的金额，贷记"应付账款"、"应付票据"、"银行存款"等科目。若购物货物被退回，在会计处理上，要做出相反的记录。

b. 发票收到，货款支付，但材料还未到。材料未入库时，应根据相关发票，借记"在途材料"、"应交税费"，贷记"应付票据"、"银行存款"、"其他货币资金"等；材料入库后，借记"原材料"，贷记"在途材料"。

c. 预付材料款。因为采购的业务还未成立，企业还没有取得材料的所有权，企业在依照合同的相关规定预付款项时，借记"预付款项"，贷记"银行存款"、"其他货币资金"等；在企业收到材料并验收入库后，需依照专用发票所列金额，借记"原材料"、"应交税费"，贷记"预付账款"。

⑦进项税额转出的会计处理。企业购进的商品、原材料、包装物、免税企业产品等货物改变用途或发生非正常损失时，其进项税额不得从销项税额中扣除，其原因是这些货物的增值税税额在其进购时已经作为进项税额从当期的销项税额中作出了扣除，所以，应该将其视同销项税额，从本期的进项税额中抵减或从进项税额中转出，借记有关成本、费用、损失等科目，贷记"应交税费——应交增值税（进项税额转出）"。

(2) 增值税销项税额的会计处理。

①产品销售销项税额的会计处理。企业提供劳务或销售货物，按固定收取的增值税税额和销售收入，借记"应收账款"、"银行存款"、"应付利润"、"应收票据"等，按实现的销售收入，贷记"主营业务收入"、"其他业务收入"等，按收取的增值税税额，贷记"应交税费——应交增值税（销项税额）"。若发生销售退回，在会计处理上，需作相反的记录。

②包装物销售及逾期未退包装物押金的销项税额的会计处理。

a. 逾期未退包装物押金的销项税额的会计处理。当包装物逾期还未退还时，收取押金的销项税额按照适用税率计算。借记"其他应付税款"等，贷记"应交税费——应交增值税（销项税额）"。在进行相应的会计处理时，应该注意两点：一是包装物押金适用的税率是包装货物的使用税率；二是应将包装物押金还原为不含税价格，再并入其他业务收入征税。

b. 随同产品销售并单独计价的包装物销项税额的会计处理。依照税法的规定，随同产品销售并单独计价的包装物应作为销售计算缴纳增值税，借记"应收账款"、"银行存款"，贷记"应交税费——应交增值税（进项税额）"、"主营业务收入"、"其他业务收入"。

③视同销售的销项税额的会计处理。视同销售是区分会计销售和不形成会计

销售的应税销售。会计销售业务以商事凭证为依据，确认主营业务收入，将其记入"主营业务收入"、"其他业务收入"等收入类科目，并将其收取的增值税税额记入"销项税额"。不成形的会计销售则不作收入处理，按成本进行转账，并且根据税法的相关规定，按照货物的成本，按同类产品的销售价格、组成计税价格、货物的成本或双方确认的价值等乘以适用税率计算，并记入"销项税额"。

④以物易物购销的会计处理。根据现行税法的规定，若进行以物易物双方都要做购销处理，以各自发出的货物核定销售额并计算销项税额，以各自收到的货物核定购货额，并且按照对方开具的专用发票抵扣进项税额。

3. 增值税上缴的会计处理

一般情况下，在进行增值税上缴的会计处理时，会在企业"应交税费——应交增值税"多栏式明细科目中核算增值税业务；月终时结出借、贷双方的合计与差额。如果"应交税费——应交增值税"是借方余额，就表示本月尚未抵扣的进项税额，应该继续留在该科目借方，不能再次转出；若是贷方余额，就表示本月应交增值税税额，通过"应交税费——应交增值税（转出未交增值税）"科目，转入"应交税费——未交增值税"科目的贷方。

第6天　营业税纳税业务入门知识

◇ 第1堂　认识营业税

一、营业税的概念和类型

营业税是以纳税义务人从事经营活动的营业额或销售额作为征税对象的流转税，是世界普遍开征的税种。2011年11月17日，财政部、国家税务总局正式公布营业税改征增值税试点方案。

在我国，营业税涉及国民经济的众多行业，其应税税目主要包括建筑业、交通运输业、邮电通信业、娱乐业、服务业、文化体育业、转让无形资产、金融保险业、销售不动产等。此外，只要发生应税行为并取得营业收入，就需要缴纳营业税。

二、营业税的特点

营业税是我国重要的税种，主要由地税部门征管。与其他的流转税相比较，营业税具备如下特点：

1. 一般以营业额全额为计税依据

营业税不仅是劳务税的一种，也是传统的商品，其将全部营业额作为计税依据，且税额不会因为成本、费用的高低发生变化。不得不说，营业税对保障财政收入的稳定具有重要的意义。

2. 计算简便，便于征管

营业税主要以营业收入的全部作为计税依据，实行比例税率，税款随着营业税收入额的实现而实现。

3. 按行业设计税目税率

营业税面向全国普遍征收，征税范围是增值税之外的所有经营业务。虽然营业税税率设计的总体水平一般，但因为各种经营业务的盈利水平不同，所以，在税率设计上，一般实行同一行业同一税率，不同行业不同税率，从而将鼓励平等竞争、公平税负的政策完美地体现出来。

◇ 第2堂 营业税的纳税人和征税范围

一、营业税的纳税义务人和扣缴义务人

1. 营业税的纳税义务人

《营业税暂行条例》第一条规定："在中华人民共和国境内提供本条例规定的劳务、转让无形资产或者销售不动产的单位和个人，为营业税的纳税人，应当依照本条例缴纳营业税。"

2. 营业税的扣缴义务人

《营业税暂行条例》第十一条对营业税扣缴义务人作了规定：

（1）中华人民共和国境外的单位或者个人在境内提供应税劳务、转让无形资产或者销售不动产，在境内未设有经营机构的，以其境内代理人为扣缴义务人；在境内没有代理人的，以受让方或者购买方为扣缴义务人。

（2）国务院财政、税务主管部门规定的其他扣缴义务人。

二、营业税的征税范围

营业税的征税范围，指的是在中国境内转让无形资产、销售不动产或提供劳务的全部行为，主要有金融保险业、邮电通信业、交通运输业、建筑业、服务业、文化体育业、娱乐业、转让无形资产或销售不动产。在这里需要特别说明的是，从2013年8月1日起，交通运输业和部分应税服务业改征增值税。以下是对各个行业的征税范围的介绍：

1. 金融保险业

金融保险业征税范围：金融保险业是指经营保险、金融业务。

（1）保险，指利用契约的形式将资金集中起来，后用来补偿保险购买者的经

济利益的业务。

（2）金融，包括金融商品转让、贷款、融资租赁、金融经纪业和其他金融业务。

对于金融保险业的金融机构往来利息收入、保险公司的摊回分保费用等免征营业税。

2. 邮电通信业

邮电通信业征税范围：包括邮政和电信。

3. 交通运输业（试征增值税）

4. 建筑业

建筑业征税范围：建筑业，指建筑安装工程作业等，其征税领域包括建筑、装饰、安装、修缮和其他作业等。

5. 服务业

服务业征税范围：主要包括饮食业、旅游业、租赁业、代理业、仓储业、旅店业、广告业以及其他服务业。这里要注意的是，仓储业、租赁业、广告业试征增值税。

6. 文化体育业

文化体育业征税范围：包括文化业、体育业。

7. 娱乐业

娱乐业征税范围：包括经营舞厅、音乐茶座、保龄球场、台球、歌厅、高尔夫球场等娱乐场所，还包括娱乐场所为配合顾客的娱乐活动提供的服务业务。

8. 转让无形资产

转让无形资产征税范围：主要包括转让商标权、转让非专利技术、转让专利权、出租电影拷贝、转让土地使用权、转让著作权和转让商誉。在这里需要提醒大家的是，从2003年1月1日起，以无形资产投资入股，参与接受投资方的利润分配、共同承担投资风险的行为，免征营业税，在投资后转让其股份权的，免征营业税。

9. 销售不动产

销售不动产征税范围：销售不动产，指有偿转让不动产所有权的行为。其征税范围包括销售建筑物、构筑物，以及销售其他土地附着物。

三、营业税征税范围与增值税征税范围的划分

在增值税确立的过程中，营业税与增值税征税范围的划分一直都是非常重要也非常容易混淆的问题。尤其在实际操作的过程中，很多特殊业务的增值税与营业税的征税范围的划分都难以确定，例如，融资行业、邮电通信行业等，为此，国家税务总局出台了一系列的文件来说明规范征税范围的划分原则。

1. 邮电通信部门征税问题

（1）包括邮政部门发行报刊，征收增值税。

（2）包括集邮公司在内的邮政部门销售集邮商品，征收增值税。

（3）电信物品由电信单位自己销售，并为客户提供相关的电信劳务服务的，征收营业税；对只销售无线寻呼机、移动电话等业务而不提供相关的电信劳务服务的，征收增值税。

2. 其他业务的征税问题

纳税人在签订建设工程施工总包或分包合同后，展开经营活动并提供增值税应税劳务与建筑业业务、销售自产货物的，对其提供的增值税应税劳务与销售自产货物取得的收入征收增值税，提供建筑业劳务收入征收营业税。

（1）签订建设工程施工总包或分包合同中单独注明建筑业劳务价款。

（2）必须具备建设行政部门批准的建筑业施工（安装）资质。

3. 融资租赁业务征收增值税问题

（1）经中国人民银行批准经营融资租赁业务的单位所从事的融资租赁，征收营业税，不征收增值税。

（2）其他单位从事的融资租赁业务，租赁货物的所有权转让给承租方的，需征收增值税，不征收营业税；租赁货物的所有权未转让给承租方的，征收营业税，不征收增值税。

4. 商业企业向供货方收取的部分收入征税问题

（1）对于企业向供货方收取的与商品销售额和销售量无必然联系，且企业向供货方提供一定劳务收入的，按营业税的适用税目税率（5%）征收营业税。

（2）对于企业向供货方收取的与商品销售额和销售量有关的收入，按平销返利行为的有关规定冲减当期增值税进项税金，不征收营业税。

◇ 第3堂　营业税的计税依据和税额计算

一、营业税计税依据的一般规定

营业税的计税依据是营业额，而营业额是纳税人转让无形资产或者销售不动产、提供应税劳务的全部价款和价外费用。只要属于价外费用的范围，不管会计制度规定如何核算，都要并入营业额计算应纳税额。

以营业税为依据，通常不得从中扣除成本与费用，但因为一些行业存在特殊情况，税法允许一些特定费用能够从营业额中抵扣。根据行业的不同，税法对计税营业额作出了不同的规定：

1.金融保险业

金融保险业的营业额，指纳税人提供保险、金融业务所取得的价外费用和全部价款。就金融业获取收入的行为看，营业额主要有全额利息收入、金融服务性收入以及差额利息收入三种类型。

（1）营业额的一般规定。根据《营业税暂行条例》的规定，纳税人的营业额是纳税人为纳税人转让无形资产、销售不动产或提供应税服务向对方收取的价外费用与全部价款。

根据《营业税暂行条例》的规定，有价证券、期货、外汇等金融商品买卖业务，卖出价与买入价的差额就是营业额。

（2）其他规定。

①融资租赁服务。纳税人从事融资租赁等业务，以其向承租者收取的价外费用和全部价款减去出租方承担的出租货物的实际成本之后的余额就是营业额，并且以此作为依据征收营业税。出租货物的实际成本，主要指纳税人为购买出租货物而发生的境外外汇借款利息支出。其计算方式为：

本期营业额 =（应收取的全部价款和价外费用 – 实际成本）×（本期天数÷总天数）=［应收取的全部价款和价外费用 –（货物购入原价 + 关税 + 增值税 + 消费税 + 运杂费 + 安装费 + 保险费 + 支付非境外的外汇借款利息支出）］×（本期天数÷总天数）

②金融商品转让业务。按债券、外汇、股票、其他四大类来划分。在同一纳

税期内，同一大类不同品种金融商品买卖出现的正负差可以相抵，若相抵之后负差依然存在，可以结转下一个纳税期相抵，但年末依然有负差的，不可以转入下一个纳税期。金融商品的买入价，可以选定按加权平均法或移动加权法核算，选定之后的一年内不得有任何变更。

③金融经纪业务以及其他的金融业务营业额是手续费类的全部收入，其中包括代收代付费用加价、价外收取的代垫等。按规定，代收代付费用加价、价外收取的代垫等费用不得从中做任何扣除。

（3）政策规定。

①对境外合格机构投资者委托境内公司在我国从事证券买卖业务取得的差价收入，免征营业税。

②对受托机构从其受托管理的信贷资产信托项目中取得的贷款利息收入，应全额征收营业税。

2. 邮电通信业（邮政业试征增值税）

邮电通信业的营业额，就是提供邮电通信业务的纳税人向对方收取的全部价款，包括价外取得的一切费用，如服务费、基金、手续费等。同时，它还是邮电通信业的计税依据。

3. 交通运输业（试征增值税）

4. 建筑业

建筑业的营业额，指安装、修缮、建筑及其他工程作业取得的营业收入额，换句话说，就是建筑安装企业向建设单位收取的工程价款及工程价款之外的各种费用。

（1）建筑业的工程价款由下列四项内容组成：

①根据实际完成的工程量和预算单位计算的直接费。

②根据直接费数额和管理费收费标准计算的间接费。

③根据直接费、间接费及规定标准计算的计划利润。

④根据直接费、间接费、计划利润、按国家规定的计税标准计算的营业税、城市维护建设税和教育费附加。

（2）确定营业额时，需按照具体业务的建筑情形作出具体的规定，以合法合理地确定营业额。

①包工包料和包工不包料的营业额。纳税人提供不含装饰劳务的建筑劳务

的，其营业额应该包括工程所用的原材料、设备和其他物资、动力的价款在内，但并不包含建设方提供的设备的价款。所以，不管建筑合同怎样约定（包工包料或包工不包料），建筑业营业额都含有建筑劳务以及工程所用的原材料、设备和其他物资、动力的价款。

纳税人在提供建筑劳务的同时销售自产货物的，应该分别核算应税劳务的营业额和货物的销售额，其应税劳务的营业额缴纳营业税，货物的销售额不缴纳营业税；不进行分别核算的，由主管税务机关核定其应税劳务所应纳税额。

②根据《财政部、国家税务总局关于营业税若干政策问题的通知》（财税[2003]16号），运输管道工程所使用的电缆、光缆，通信线路工程和构成管道工程主体的机泵、金属容器、防腐管段、清管器、管件、加热炉等物品均属于设备，不包括在计税营业额中。其他建筑安装工程的计税营业额也不应该包括设备价值，具体名单由省级地方税务机关根据具体情况列出。

5. 服务业

服务业的营业额，指纳税人提供饮食业、旅游业、旅店业、广告业以及其他服务业的应税劳务向对方收取的价外费用和全部价款。

（1）饮食业。饮食业的营业额是提供餐饮服务的全部收入。饮食业企业附带销售烟酒等货物的，应对应税行为的营业额和货物或者非应税劳务的销售额分别进行核算，其应税行为营业额缴纳营业税，货物或者非应税劳务销售额不缴纳营业税。

（2）旅游业。旅游业营业税，是旅游业务收入额。根据《营业税暂行条例》第五条第二项规定，纳税人从事旅游业务的，以其取得的全部价款和价外费用扣除替旅游者支付给其他单位或者个人的住宿费、餐费、交通费、旅游景点门票和支付给其他接团旅游企业的旅游费后的余额为营业额。

（3）旅店业。旅店业的营业额以提供住宿服务的各项收入作为计税营业额。因为旅店业的服务范围很广，所以在征收营业税时要区分税目之间的营业额；没有分别核算营业额的，应该按照《营业税暂行条例》第三条的相关规定，选择从高适用税率征税。

6. 文化体育业

文化体育业的应税营业额，指纳税人经营体育业、文化业所取得的全部收入，其中包括经营游乐场所收入、体育收入、演出收入以及其他文化收入，但是企业单位进行演出所计应税营业额应当以全部收入减去支付给提供演出场地的单位、演出公司或经纪人等费用之后的余额进行计算。

7. 娱乐业

根据《营业税暂行条例实施细则》第十七条的规定，娱乐业的营业额为经营娱乐业收取的全部价款和价外费用，包括门票收费、台位费、点歌费、烟酒、饮料、茶水、鲜花、小吃等收费及经营娱乐业的其他各项收费。

8. 转让无形资产

无形资产，指能够带来经济利益却不具有实务形态的资产。根据《营业税暂行条例》第五条的规定，转让无形资产的营业额应为纳税人转让无形资产向对方收取的全部价款和价外费用。

9. 销售不动产

根据《营业税暂行条例》第五条的规定，销售不动产的应税营业额，即销售额，是指销售不动产时向对方收取的全部价款和价外费用。

二、营业税应纳税额的计算

纳税人转让无形资产或销售不动产、提供应税劳务，按营业额和规定的税率计征营业税。其计算公式为：

应纳税额 = 营业额 × 税率

营业额的结算货币是人民币。若纳税人欲以其他货币结算营业额的，需要折合成人民币之后再进行计算。人民币折合率可以选择营业额发生的当天或者当月1日的人民币汇率中间价。纳税人在折合之前应先确定采用哪种折合率，且确定之后的1年之内不可以发生变动。

营业税的税率见表6-1。

表6-1 营业税的税目和税率

税目	税率（%）
金融保险业	5
邮电通信业（邮政业试征增值税）	3
交通运输业（试征增值税）	3
建筑业	3
服务业（部分试征增值税）	5
文化体育业（部分试征增值税）	3

续表

税目	税率（%）
娱乐业	5~20
转让无形资产	5
销售不动产	5

◇ 第4堂 营业税的纳税申报与缴纳

一、营业税纳税的时间、地点和期限

营业税作为地方税收体系中的重要税种，其纳税时间、纳税地点和纳税期限都有具体的规定，也有行业性的特殊规定。其具体内容如下：

1. 营业税纳税时间

纳税义务发生时间是指税法规定纳税义务人产生的时间，也就是说，从这一天开始，纳税人对于国家有了一种责任，纳税人有支付税款偿还"债务"的义务。

（1）基本规定。纳税义务发生时间，是营业税纳税义务人收讫营业税收入款项或获取营业收入款项凭据的当天。

（2）特殊规定。

①关于建筑业的特殊规定。因为建筑业承包与结算方式不一，其纳税义务发生的时间也有很多特殊之处：实行合同完成后一次性结算价款方式的工程项目，其纳税义务发生时间是施工单位和发包单位进行工程价款结算的当天；实行月中预支、旬末预支、月终结算、竣工后结算办法的工程项目，其纳税义务发生时间为月末和发包单位进行已完工价款结算的当天；实行按工程形象进度划分不同阶段结算价款办法的工程项目，其纳税义务发生时间为各月月末和发包单位进行已完成工程价款结算的当天。

②关于销售不动产的特殊规定。销售不动产的特殊规定有：采用预收款方式销售不动产的，其纳税义务发生时间是收到预收款的当天；纳税人将不动产无偿赠与他人的，其纳税义务发生时间是不动产所有权转移的当天。

2. 营业税纳税地点

纳税地点，指纳税人申报缴纳税款的地点。营业税的纳税地点的划分因行业

特点、纳税人的具体情况不同等而有所不同。

(1) 基本规定。

①纳税人提供应税劳务，应当向劳务发生地主管税务机关申报纳税。但是，如果纳税人提供建筑业劳务以及税务主管部门规定的其他的应税劳务，需要向劳务发生地主管税务机关申报纳税。

②纳税人在本省、自治区、直辖市内发生应税行为，纳税地点需调整的，要经过省、自治区、直辖市人民政府所属税务机关核准。这里需提醒大家的是，此条关于纳税地点的调整权必须归税务机关所有，且是具有一定级别的税务机关。

(2) 特殊规定。

①纳税人销售、出租不动产，应当向不动产所在地主管税务机关申报纳税。

②纳税人转让土地所有权，应当向土地所在地主管税务机关申报纳税；转让其他无形资产，应当向其机构所在地主管税务机关申报纳税。

3. 营业税纳税期限

纳税期限，指法律规定的纳税人缴纳税款的期限。纳税期限是由税种特点和纳税规模等因素确定的。若纳税人不能够按期纳税，税务机关会依照相关规定收取滞纳金，并给予一定处罚。

(1) 基本规定。

营业税的纳税期限主要根据纳税人应纳税额的大小，后经主管税务机关的核准定为5日、10日、15日、1个月或1个季度。目前，多数纳税人会以1个月作为纳税期限。不能按固定期限纳税的，可以按次纳税。

纳税人以1个月或1个季度为一个纳税期的，在期满后15日内申报纳税；以5日、10日或15日为一个纳税期的，于期满后5日内预缴税款，次月1日起15日内结算上月应纳税款并申报纳税。

(2) 特殊规定。

①不包括典当行业在内的纳税期限为1个季度。

②保险业的纳税期限为1个月。

二、营业税的起征点

《中华人民共和国营业税暂行条例实施细则》第二十三条规定，营业税起征点，是指纳税人营业额合计达到起征点。营业税起征点的适用范围限于个人。

中华人民共和国财政部令第 65 号文件将《中华人民共和国营业税暂行条例实施细则》第二十三条第三款修改为:"营业税起征点的幅度规定如下:

(1)按期纳税的,为月营业额 5000~20000 元;

(2)按次纳税的,为每次(日)营业额 300~500 元。"

省、自治区、直辖市财政厅(局)、税务局应当在规定的幅度内,根据实际情况确定本地区适用的起征点,并报财政部、国家税务总局备案。

三、营业税的免税项目

营业税免税项目如下:

(1)幼儿园、托儿所、养老院、残疾人福利机构提供的育养服务、婚姻介绍、殡葬服务,免征营业税。

(2)残疾人员个人提供的劳务,免征营业税。

(3)医院、诊所等医疗机构提供的医疗服务,免征营业税。

(4)学生勤工俭学所提供的劳务服务,学校等教育机构提供的教育劳务,免征营业税。

(5)农业排灌、病虫害防治、机耕、农牧以及相关技术培训,水生动物、家禽、牲畜的配种和疾病防治业务,免征营业税。

(6)宗教场所举办文化、宗教活动的售票收入,博物馆、文化馆、美术馆、书画馆、图书馆、纪念馆、展览馆、文物保护单位举办文化活动的售票收入,免征营业税。

(7)个人转让著作权,免征营业税。

(8)科研单位的技术转让收入,免征营业税。

(9)把土地所有权转让给用于农业生产的农业生产者的,免征营业税。

(10)自 2004 年 1 月 1 日起,对为安置自谋职业的城镇退役士兵就业而新办的除广告业、桑拿、按摩、网吧、氧吧以外的服务型企业,当年新安置自谋职业的城镇退役士兵达到职工总数超过 30%且与其签订 1 年以上期限劳动合同的,在县级以上的民政部门的认定、税务机关的审核下,免征 3 年的营业税。

(11)从 2006 年 6 月 1 日后,个人将购买不少于 5 年的普通住房对外销售的,免征营业税。

(12)企业、行政事业单位按房改成本价、标准价出售住房的收入,暂免征营业税。

（13）人民银行委托地方商业银行转贷给地方政府用于清偿农村合作基金债务的专项贷款，利息收入免征营业税。

（14）保险公司所开展的年限在1年以上的返还性人身保险业务，免征营业税。

（15）外国企业处置债权重置资产和股权重置资产，以及外商投资企业，所取得的收入，不征收营业税。

（16）从事个体经营的军队随军家属、转业干部，在主管税务机关的核实、认证下，自领取税务登记证当天起，免征3年营业税。

（17）对社保基金投资管理人运用社保基金买卖证券投资基金、股票、债券的差价、社保基金理事会收入，暂免征收营业税。

（18）学校从事技术研究开发、业务转让以及与之相关的技术服务、技术咨询等取得的收入，免征营业税。

（19）自然博物馆、科技馆、公众开放的天文馆等所取得的收入，免征营业税。

（20）国有商业银行依财政部门核定的数额，无偿划转给金融资产管理公司的资产，办理过户手续时免征营业税。

（21）电影发行企业收取的由电影放映单位给予的电影发行收入，免征营业税。

（22）中国储备粮管理总公司取得的财政补贴收入，免征营业税。

四、营业税账务处理

营业税涉及的行业与业务种类较多，根据营业税不同的征收对象应设置不同的会计账户。因为账户不同，营业税的账务处理也各具差异。

1. 建筑业营业税的账务处理方式

对于建筑安装、装饰装修业务来说，不管与对方的结算方式怎样，其营业额都将工程所用原材料的价款包括在内。即便是对方（甲方）提供的原材料，在工程结算时不包括材料成本在内，但是计税时材料成本依然应该包含在营业额之中。若采取分包形式，总承包人收到承包款项时借记"银行存款"，扣除应付给分包人的部分贷记"应付账款"，应付给分承包人的部分贷记"主营业务收入"。

按照扣除后的工程结算收入计算的应缴纳税金借记"应付账款——应付分包款项"与"营业税金及附加",贷记"应付税费——应交营业税"。

2. 房地产开发业营业税的账务处理方式

房地产开发业是一种经营房地产买卖业务的行业,主要以房地产开发、销售及提供劳务获得的收入作为主营业务收入。房地产开发企业自建自售时,其出售房地产按5%的税率("销售不动产"税目)计算营业税,自建行为按建筑行业3%的税率计算营业税。账务处理为:借记"营业税金及附加",贷记"应交税费——应交营业税"。

3. 金融企业营业税的账务处理方式

金融企业的贷款利息收入与支出是分别计算的,即按应税应收利息的全额计税。因为税法对于超出期限未收到利息的规定不同于会计制度,所以企业不仅要按照会计制度规定正确记录,还要按照税法规定正确计税。企业通过设置"应收利息"备查簿,详细记录各项贷款应收利息的发生时间及金额、收到时间及金额等。金融企业接受其他企业委托发放贷款,收到委托贷款利息时,记入"应付款项——应付委托贷款利息"账户,而代扣营业税是根据收到的贷款利息与委托贷款的手续费的差额进行计算的,借记"应付账款——应付委托贷款利息",贷记"应交税费——应交营业税";实际代缴营业税,借记"应交税费——应交营业税",贷记"银行存款"。

4. 保险业营业税的账务处理方式

保险企业通过"应交税费——应交营业税"科目核算应交营业税。保险企业根据营业额与规定税率,计算营业税,借记"营业税金及附加"等科目,贷记"应交税费——应交营业税"科目。在缴纳营业税时,借记"应交税费——应交营业税"科目,贷记"银行存款"等科目。

5. 广告、娱乐业营业税的账务处理方式

除按规定计算缴纳营业税之外,广告、娱乐业还需按照其同期应税营业收入的3%计算缴纳文化事业建设费,两费一同缴纳。账务处理为:借记"营业税金及附加",贷记"应交税费——应交营业税"。

6. 旅游饮食服务业营业税的账务处理方式

旅游饮食服务业通过"应交税费——应交营业税"科目核算营业税,按其营业额与规定税率,计算应该缴纳的营业税,借记"营业税金及附加"等科目,贷记"应交税费——应交营业税"科目。上缴营业税时，借记"应交税费——应交营业税"科目，贷记"银行存款"等科目。

7. 转让无形资产营业税的账务处理方式

企业转让无形资产，按该项无形资产以计提的减值准备借记"无形资产减值准备"，贷记"无形资产"、"应交税费——应交营业税"科目，按实际取得的转让收入借记"银行存款"。上缴营业税时，借记"应交税费——应交营业税"科目，贷记"银行存款"等科目。

8. 租赁业务收入应纳营业税的账务处理方式

租赁业务收入不仅能作为企业的主营业务收入，譬如符合融资租赁确认条件的融资租赁业务收入，也能作为企业的其他业务收入。不管是哪一种收入，都需要按照规定核算营业税。账务处理为：借记"营业税金及附加"，若是"其他业务收入"，还需记入"其他业务成本"；贷记"应交税费——应交营业税"。

9. 销售不动产营业税的账务处理方式

企业销售不动产，按销售额计算的营业税记入"固定资产清理"科目，借记"固定资产清理"科目，贷记"应交税费——应交营业税"科目。上缴营业税时，借记"应交税费——应交营业税"科目，贷记"银行存款"科目。

五、营业税申报缴纳

所谓营业税纳税申报，指的是营业税纳税义务人按照法律法规或主管税务机关的相关规定确定的申报期限，向主管税务机关办理营业税纳税申报的业务。纳税人在办理纳税申报业务时，需要填写一张申报表。营业税纳税申报表的具体样式如表6-2所示：

新企业纳税10天入门手册

表6-2 营业税纳税申报表（适用于查账收入的营业税纳税人）

纳税编码：
纳税人识别号：
纳税人名称：
税款所属时间：自 年 月 日至 年 月 日
填报日期： 年 月 日
金额单位： 元 （列至角分）

税目	营业额					本期税款计算				税款缴纳					本期应缴税额计算		
	应税收入	应税减除项目金额	应税营业额	免税收入	税率(%)	小计	本期应纳税额	免(减)税额	期初欠缴税额	前期多缴税额	本期已缴税额				小计	本期期末应缴税额	本期期末应交欠缴税额
											小计	已缴本期应纳税额	本期已被扣缴税额	本期已缴欠缴税额			
	1	2	3	4=2-3	5	6	7=8+9	8=(4-5)×6	9=5×6	10	11	12=13+14+15	13	14	15	16=17+18	17=8-13-14	18=10-11-15
邮电通信业																		
服务业																		
金融保险业																		
文化体育业																		
销售不动产																		
转让无形资产																		
交通运输业																		
建筑业																		
娱乐业																		

续表

合计		
代扣代缴项目		
总计		

纳税人代理人声明：
此纳税申报表是根据国家税收法律的规定填报的，我确定它是真实的、可靠的、完整的。

如纳税人填报，由纳税人填写以下各栏：		
财务负责人（签章）	法定代表人（签章）	联系电话
如委托代理人填报，由代理人填写以下各栏：		
经办人（签章）		联系电话
办税人员（签章）		
代理人名称		代理人（公章）

以下由税务机关填写：
受理人：　　　　　受理日期：　　年　月　日　　受理税务机关（签章）：

第7天 企业所得税纳税业务入门知识

◇ 第1堂 认识企业所得税

一、企业所得税的概念和特点

所谓企业所得税，是指面向我国境内通过生产经营方式取得收入或其他所得的企业与其他组织征收的一种税。企业所得税与流转税同等重要，在我国各个税种中占据着十分重要的位置。可以说，每一个企业都需要与所得税打交道，都是所得税的纳税人。

作为国家重要税种之一，企业所得税自然具备不同于流转税的特征。其特征主要有以下几点：

（1）税负直接，不易转嫁。

（2）一般实行按年计征、分期预缴、年终汇算清缴的计征办法。

（3）税源大小直接受企业经济效益高低的影响。

（4）计税基数复杂，征管要求高。

二、企业所得税的税率和适用范围

企业所得税税率，指的是用以计算企业所得税应纳税额的税法规定的比率（如表7-1所示）。

表 7-1 企业所得税税率、适用范围及其法律依据

种类	税率	适用范围	法律依据
基本税率	25%	适用于居民企业和在中国境内设有机构、场所且所得与机构、场所有关联的非居民企业	2008年新的《中华人民共和国企业所得税法》规定一般企业所得税的税率为25%
优惠税率	减按20%	符合条件的小型微利企业	财政部、国家税务总局下发的《关于小型微利企业所得税优惠政策有关问题的通知》（财税〔2014〕34号），明确通知，自2014年1月1日至2016年12月31日，对年应纳税所得额低于10万元（含10万元）的小型微利企业，其所得减按50%计入应纳税所得额，按20%的税率缴纳企业所得税；国家需要重点扶持的高新技术企业，减按15%的税率征收企业所得税
	减按15%	国家需要重点扶持的高新技术企业	
预提所得税税率	20%（实际征税时用10%税率）	在中国境内设立机构、场所的，应当就其所设机构、场所所取得的来源于中国境内的所得，以及发生在中国境外但与其所设机构、场所有实际联系的非居民企业	根据《企业所得税法》和实施条例，预提所得税的税率为10%。根据《企业所得税法》第四条第二款，对非居民企业所取得本法第三条第三款规定的所得，适用税率为20%。同时该法第二十七条规定的所得，可以免征、减征企业所得税。

◇ 第2堂　企业所得税纳税人和征税范围

一、企业所得税的纳税义务人

企业所得税的纳税义务人，就是中华人民共和国境内的除个人独资企业、合伙企业之外的居民企业与非居民企业组织。

所谓居民企业指在国内依法成立，或依照外国（地区）法律成立但实际管理在中国的企业。而非居民企业指依照外国（地区）法律成立，且实际管理也不是在中国，可在中国境内设立机构、场所的，或未在中国境内设立机构、场所，但有来源于中国境内所得的企业。

依照外国（地区）法律成立的企业，主要包括按照外国（地区）法律成立的企业、组织和其他取得收入的组织。

实际管理机构，指对企业的人员、账务、财产、生产、经营等进行全面性、实质性的控制和管理的机构。

机构、场所，指在中国境内从事生产、经营等活动的机构、场所。主要包括以下几处：

(1) 从事建筑、安装、装配、修理、勘探等工程作业的场所。

(2) 管理机构、营业机构、办事机构。

(3) 工厂、农场、开采自然资源的场所。

(4) 提供劳务的场所。

(5) 其他从事生产经营活动的机构、场所。

非居民企业委托营业代理人在中国境内从事生产经营活动的，主要包括委托单位或者个人代其交付、储存货物，或签订合同等，该营业代理人视为非居民企业在中国境内设立的机构、场所。

二、企业所得税的计税依据

企业所得税以应纳税所得额作为计税依据。它是指纳税人每一纳税年度的收入总额与准予扣除项目的差额。

纳税人在一个纳税年度中间开业，或因为关闭、合并等多方原因，使该纳税年度的实际经营期限不足12个月的，要以其实际经营期限作为一个纳税年度。纳税人清算时，应该以清算期间作为一个纳税年度。

纳税人应纳税所得额的计算以权责发生制为原则，以收益的实现与费用的发生为基础，采用应收应付、预提、待摊等方法进行业务处理。只要是属于本期的收入与费用，不管其款项是否收付，都作为本期收入和费用进行处理；只要是不属于本期的收入和费用处理，都不作为本期收入和费用进行处理。

三、企业所得税的征税范围

企业所得税的征税范围如下：

1. 居民企业所得税征税范围

居民企业应当就其来源于中国境内、境外的所得缴纳企业所得税。"所得"包括转让财产所得、销售货物所得、提供劳务所得、利息所得、租金所得、股息红利等权益性投资所得、接受捐赠所得、特许权使用费所得和其他所得。为了防止对纳税人重复征税，企业居民在境外已经缴纳的所得税税额能够依法抵扣。这是对居民企业应纳税所得额范围的规定。居民企业不但要就其境内所得向本国政府纳税，还要就其境内来源的所得向本国政府纳税。居民企业就境内外一切所得（或称"全球所得"）向居住国政府纳税的义务，叫做无限纳税义务。

2. 非居民企业所得税征税范围

在中国境内设立机构、场所的，应当就其发生在中国境外但与其所设机构、场所有实际联系的所得，及所设机构、场所取得的来源于中国境内的所得，缴纳企业所得税；在中国境内未设立机构、场所的，应当就其来源于中国境内的所得缴纳企业所得税。

所谓"实际联系"，就是指非居民企业在中国境内设立的机构、场所拥有、管理、控制据以取得所得的财产，及拥有的据以取得所得的股权、债权等。

四、不征税收入和免税收入

税法规定，某些企业从性质或根源上不属于企业盈利性活动带来的经济利益，因此不负有纳税义务，且不作为应纳税所得额组成部分的收入。

1. 不征税收入

不征税收入具体包括：财政拨款、政府性基金、依法收取并纳入财政管理的行政事业性收费，以及国务院明确规定的其他不征税收入。

这里需要指出的是，企业的不征税收入用于支出而形成的资产与费用，不得扣除或计算对应的折扣、摊销扣除。

2. 免税收入

免税收入具体包括：国债利息收入，符合条件的非居民企业之间的股息、红利等权益性投资收益，在中国境内设立机构、场所的非居住企业从居民企业取得与该机构、场所有实际联系的股息、红利等权益性投资收益，以及符合条件的非营利性组织的收入。

符合条件的非营利性组织，是指同时符合下列条件的组织：

（1）从事公益性或非营利性活动。

（2）财产不用于分配。

（3）投入人对投入该组织的财产不保留或者不享有任何财产权利。

（4）依法履行非营利性组织登记手续。

（5）按照登记核定的规定，该组织注销后的剩余财产用于公益性或者非营利性目的。

此外，还需要注意的是，这里所说的股息、红利等权益性投资的收益是不包含连续持有居民企业公开发行并上市流通的股票不足 12 个月所取得的投资收益在内的。

◇ 第3堂　企业所得税计税方法和税额计算

一、企业收入总额的确定

企业收入总额是指企业以（非）货币形式通过各种途径取得的收入，包括股息、红利等权益性投资收益，利息收入，转让财产收入，销售货物收入，特许权使用费收入，提供劳务收入，租金收入，接受捐赠收入，企业资产溢余收入，确定无法偿付的应付款项，已作坏账损失处理后又收回的应收款项，债务重组收入，与其未退包装物押金收入，汇兑收益，补贴收入，违约金收入等。

二、企业所得税应纳税额的计算

因为企业所得税纳税人不同（居民企业与非居民企业），税款的征收方式不同（查账征收与核定征收），所以企业所得税的计算方法也不同。一般而言，企业所得税的计算方法主要有以下几种：

1. 居民企业查账征收应纳税额的计算

对于能够据实核算企业生产经营状况、会计核算比较健全的纳税人，一般采用查账征收的方式计算企业所得税。其计算公式如下：

基本公式：应纳税额 = 应纳税所得额 × 适用税率 − 减免税额 − 抵免税额

直接计算法：应纳税所得额 = 收入总额 − 不征税收入 − 免税收入 − 各项扣除金额 − 弥补亏损

间接计算法：应纳税所得额 = 会计利润总额 ± 纳税调整项目金额

2. 居民企业核定征收应纳税额的计算

当居民企业纳税人依照规定可不设账簿，或是因为存在无法提供清晰的账目数据而不能够正确提供计税依据等情况时，可以按主管税务机关核准认定的征收办法征收企业所得税。

通常情况下，税务机关对核准认定的纳税人可分核定应税所得率与核定应税所得额两种。

采用应税所得率方式核定的方法征收企业所得税的计算公式如下：

应纳所得税额＝应纳税所得额×适用税率＝[收入总额×应税所得率＝成本费用支出额÷(1－应税所得率)×应税所得率]×适用税率

应税所得率的标准可按表7-2的规定幅度统一执行。

表7-2 企业应税所得率

行业	应税所得率（%）
制造业	5~15
批发零售业	4~15
交通运输业	7~15
农、林、牧、渔业	3~10
建筑业	8~20
餐饮业	8~25
娱乐业	15~30
其他	10~30

采用核定应税所得额的企业由主管税务机关按照一定的标准和方法，直接核定年度应纳所得税额，实行定额征收。

三、企业所得税扣除原则和范围

各项扣除，指的是企业实际发生的，与取得收入有关的合理性支出（包括成本、费用、税金、损失与其他支出、收益性支出）在发生当期直接扣除。各项扣除项目严格按照《企业所得税法实施条例》与《企业所得税法》的相关规定进行所得税前扣除。其中，依法扣除项目有以下几种：

（1）企业年利润总额在12%以内的公益性捐赠支出，准予在计算应纳税所得额时扣除。

（2）企业按照规定计算的固定资产折旧费用与无形资产摊销费用，准予计算应纳税所得额时扣除。

（3）企业依照规定发生下列长期待摊费用支出的，准予计算应纳税所得额时扣除：

①已足额提取折旧的固定资产的改建支出。

②租入固定资产的改建支出。

（4）企业按照规定计算的销售存货的成本，准予在计算应纳税所得额时扣除。

（5）企业按照规定计算的使用存货的成本，准予在计算应纳税所得额时扣除。

（6）企业在生产经营活动中发生的合理的不需要资本化的借款费用，准予在计算应纳税所得额时扣除。

（7）企业发生的合理的工资薪金支出，准予在计算应纳税所得额时扣除。

（8）企业在生产经营过程中，发生下列利息支出，准予扣除：

①金融企业的各项存款利息支出与同行拆借利息支出、非金融企业向金融企业借款的利息支出、企业经批准发行债券的利息支出。

②非金融企业向非金融企业借款的，不超过按照金融企业同期同类贷款利率计算的数额的部分利息支出。

（9）企业参加财产保险且按规定缴纳保险费，或是发生合理的劳动保护支出，准予在计算应纳税所得额时扣除。

（10）企业遵照相关法律法规的规定提取的用于生态环境保护、恢复等方面的资金，准予在计算应纳税所得额时扣除。

四、不得扣除的项目

在税法的相关规定中，企业所得税有扣除项目，必定也会有不得扣除的项目。下面列举的就是一些不得扣除的项目。

（1）企业所得税税款，向投资者支付的股息、红利等权益性投资收益款项，未经核定的准备金支出，非公益性捐赠支出，税收滞纳金，赞助支出，罚金、罚款和被没收财务的损失，与取得收入无关的其他支出。

（2）企业对外投资期间，投资资产的成本在计算应纳税所得额时不得扣除。

（3）下列固定资产不得计算折旧扣除：房屋、建筑物以外未投入使用的固定资产，单独估价作为固定资产入账的土地，与经营活动无关的固定资产，以融资租赁方式租出的固定资产，以经营租赁方式租入的固定资产，其他不得计算折旧扣除的固定资产。

（4）下列无形资产不得计算摊销费用扣除：在计算应纳税所得额时扣除的无形资产，已自创商誉，与经营活动无关的无形资产，自行开发的支出，以及其他不得计算摊销费用扣除的无形资产。

◇ 第4堂 企业所得税纳税申报与税务处理

一、企业所得税纳税时间、地点和期限

1. 企业所得税纳税时间

企业应当自1个月或1个季度的最后一天起15日内，向税务机关递交预缴企业所得税的申报表，预缴税款。企业在递交所得税纳税申报表的同时，还要依照相关规定附送财务会计报告与其他相关的材料。

2. 企业所得税纳税地点

除国务院公布的其他规定外，企业之间不能合并缴纳企业所得税。所得税法分别对居民企业与非居民企业的纳税地点作出了规定：

居民企业：《企业所得税法》第五十条规定，除税收法律、行政法规另有规定外，居民企业以企业登记注册地为纳税地点；但登记注册地在境外的，以实际管理机构所在地为纳税地点。居民企业在中国境内设立不具有法人资格的营业机构的，应当汇总计算并缴纳企业所得税。

非居民企业：在中国境内未设立机构、场所的，取得来源于中国境内所得时，以扣缴义务人所在地为纳税地点。非居民企业在中国境内设立不少于两个机构、场所的，经过税务机关的审核批准，可以选择由其主要机构、场所汇总缴纳企业所得税。

3. 企业所得税纳税期限

企业所得税分月或季度预缴，以年为单位，年终汇算清缴，多退少补。

企业所得税以公历年制作为纳税年度，企业在1个纳税年度之间开业，或因为关闭、合并等诸多原因停止经营，即该纳税年度的实际经营期少于12个月，应该以实际经营期作为1个纳税年度。

企业在年度终了之日起5个月内，向税务机关递交年度企业所得税纳税申报表，并汇算清缴。

企业在年度之间终止经营的，应该在实际经营终止之日起60日内，向税务机关办理当期企业所得税汇算清缴。

二、企业各项资产的税务处理方法

所谓资产，指的是企业所拥有的或控制的能够以货币作为计量单位的经济资源，主要包括固定资产、生产性生物资产、无形资产、长期待摊费用、投资资产、存货和其他资产等。

1. 固定资产的税务处理方法

在计算应纳税所得额时，企业按照规定计算的固定资产折旧，准予扣除。

（1）下列固定资产不得计算折旧扣除：

①与经营活动无关的固定资产。

②以融资租赁方式租出的固定资产。

③以经营租赁方式租入的固定资产。

④单独估价作为固定资产入账的土地。

⑤房屋、建筑物以外未投入使用的固定资产。

⑥已足额提取折旧仍继续使用的固定资产。

⑦其他不得计算折旧扣除的固定资产。

（2）固定资产依照以下方法确定计税的基础：

①自行建造的固定资产，以竣工结算前发生的支出为计税基础。

②盘盈的固定资产，以同类固定资产的重置完全价值为计税基础。

③外购的固定资产，以购买价款与支付的相关税费以及直接归属于使该资产达到预定用途发生的其他支出为计税依据。

④通过捐赠、投资或其他方式等取得的固定资产，以该资产的公允价值和支付的相关税费为计税基础。

（3）按照直线法计算的折旧固定资产，准予扣除。

（4）除国务院财政、税务主管部门另有规定外，固定资产计算折旧的最低年限应按有关规定执行：

①飞机、火车、轮船及其他生产设备，为10年。

②电子设备，为3年。

③飞机、火车、轮船以外的交通运输工具，为4年。

④房屋、建筑物等，为20年。

（5）国务院财政、税务主管部门另行规定，对于从事开采石油、天然气等矿产资源的企业，在商业性生产开始之前产生的费用和有关固定资产有特殊计算折耗、折旧的方法。

2. 生产性生物资产

（1）生产性生物资产按照以下方法确定计税基础：

①通过捐赠、投资、债务重组或其他方式取得生物性资产，以该资产的公允价值与支付的相关税费为计税基础。

②外购的生物性生产资产，以购买价款与支付的相关税费为计税基础。

（2）按照直线法计算的折旧的生产性生物资产，准予扣除。

（3）生产性生物资产计算折旧的最低年限应按有关规定执行：

①畜类生产性生物物资，为3年。

②林木类生产性生物资产，为10年。

3. 无形资产

（1）无形资产按照以下方法确定计税基础：

①自行开发的无形资产，以开发过程中该资产符合资本化条件后至达到预定用途前发生的支出为计税基础。

②通过捐赠、投资、债务重组或其他方式取得的无形资产，以该资产的公允价值和支付的相关税费为计税基础。

③外购的无形资产，以购买价款与支付的相关税费以及直接归属于使该资产达到预定用途发生的其他支出为计税基础。

（2）按照直线法计算的无形资产的摊销费用，准予扣除。

（3）无形资产的摊销年限不得低于10年。

4. 长期待摊费用

（1）租入固定资产的改建支出，按照合同约定的剩余租赁期限分期摊销；已足额提取折旧的固定资产的改建支出，按照固定资产预计尚可使用年限分期摊销。

（2）固定资产的大修理支出，按照固定资产尚可使用年限分期摊销。其中，符合大修理支出条件的支出如下：

①修理之后固定资产的使用年限延长2年以上。

②修理支出达到取得固定资产时的计税基础50%以上。

（3）其他应当作为长期待摊费用的支出，自支出发生月份的次月起，分期摊销，摊销年限不得低于3年。

5. 投资资产

（1）在对外投资期间，企业投资资产成本在计算应纳税所得额时不得扣除。

（2）在转让或处置投资资产时，企业投资资产的成本准予扣除。

（3）投资资产按照以下方法确定成本：

①通过支付现金的方式取得投资资产的，以购买价款作为成本。

②通过支付现金之外的方式取得投资资产的，以该资产的公允价值和支付的相关税费为成本。

6. 存货

企业按照规定计算使用或销售存货的成本，准予扣除。

三、企业重组的一般性税务处理方法

与其他的税务处理一样，企业重组一般性税务处理的具体方法如下：

1. 企业的法律形式发生改变的交易处理办法

（1）登记注册地转移至境外的企业，清算，企业交清算所得税。

（2）由法人转变为非法人的企业组织，清算，企业交清算所得税。

（3）其他法律形式改变，变更登记。

2. 企业债务重组的交易处理办法

（1）采取非货币资产的方式清偿债务时，需将其分解为转让相关非货币性资产、按非货币性资产公允价值清偿债务两项业务，确定资产的得失。

（2）发生债权转股权时，需将股权分解为股权投资与债务清偿两项业务，确定债务在清偿时的得失。

（3）债务人的相关所得税纳税事项保持原则性一致。

（4）债务人确定债务重组所得需依照支付债务清偿额低于债务计税基础的差额，确定债务重组损失需依照收到的债务清偿额低于债权计税基础的差额。

3. 股权收购和资产收购的交易处理办法

股权收购和资产收购都需要按照以下规定处理：

（1）对于股权、资金转让的得失，需要被收购方确认。

（2）对于取得的股权与资产计税基础，收购方应以公允价值为基础确定。

4. 企业合并的交易处理办法

企业合并，当事各方都需要按照以下规定处理：

（1）被合并企业的亏损不得在合并企业结转弥补。

（2）合并企业应按公允价值确定接受被合并企业各项资产和负债的计税基础。

（3）被合并企业需要按照清算进行所得税处理。

四、享受优惠的企业项目和优惠政策

我国实行的是"产品优惠为主、区域优惠为辅"的税收优惠政策。主要体现为国家对重点扶持和鼓励发展的产业与项目给予企业所得税优惠。

1. 法定减免

（1）关于扶持林、牧、农、渔发展的税收优惠。

①水果、谷物、蔬菜、棉花、麻类、糖料、坚果种植。

②林产品采集。

③远洋捕捞。

④中药材种植。

⑤农作物新产品选育。

（2）企业从事下列项目所得，减半征收企业所得税：

①茶、香料作物，花卉的种植。

②内陆养殖、海水养殖。

2. 关于技术转让所得的税收优惠

在一个纳税年度内，居民企业技术转让所得小于500万元的部分免征企业所得税，大于500万元的部分减半征收企业所得税。

3. 民族自治地方所得税的减免

民族自治地方的自治机关对于本民族自治地方的企业应缴纳的企业所得税中属于地方分享的部分，可以决定减（免）征。自治州、自治县决定减（免）征的，须报省、自治区、直辖市人民政府批准。

4. 中小企业优惠政策

自2014年1月1日至2016年12月31日，对小型微利企业中年应纳税所得额不超过10万元按50%计入应纳税所得额，按20%的税率缴纳。

5. 定期减免

（1）企业投资经营的享受减免税优惠的项目。在减免税期限内转让的，受让方自受让之日起，可以在剩余期限内享受规定的减免税优惠。

（2）关于鼓励基础设施建设的税收政策。《公共基础设施项目企业所得税优惠目录》规定，国家重点扶持的公共基础设施项目包括电力、铁路、城市公共交通、水力、港口码头、公路等。

国家对从事国家重点扶持的公共基础设施项目的投资企业应缴纳的企业所得税，自项目取得第一笔生产经营收入所属纳税年度起，第一年至第三年免征企业所得税，第四年至第六年减半征收企业所得税，即实行"三免三减半"的税收优惠政策。

6. 抵扣税额

创业投资企业从事国家需要重点扶持与鼓励的创业投资，可以按投资额的一定比例折扣应纳税所得额。

7. 加速折旧

因为技术进步等诸多原因，企业固定资产中确需减速折旧的，能够采取加速折旧或缩短折旧年限的方法。采取加速折旧方法的，可以采取年数总和法或双倍余额递减法。采取缩短折旧年限方法的，最低折旧年限不得低于《企业所得税法实施条例》第六十条规定折旧年限的 60%。

8. 减计收入

减计收入，指企业以《资源综合利用企业所得税优惠目录》规定的资源作为主原材料，生产符合国家与行业相关标准的国家非限制与禁止的产品所得收入。此收入均减按 90% 计入收入总额。

五、企业所得税的申报

在企业进行所得税纳税申报时，需填写申报表，此表表格较多，填写也比较复杂。

表 7-3 中华人民共和国企业所得税月（季）度预缴纳税申报表（A 类）

税款所属期间：　年　月　日至　年　月　日
纳税人识别号：
纳税人名称：　　　　　　　　　　　　　金额单位：人民币元（列至角分）

行次	项目	本期金额	累计金额
1	一、按照实际利润额预缴		
2	营业收入		
3	营业成本		
4	利润总额		
5	加：特定业务计算的应纳税所得额		
6	减：不征税收入		
7	免税收入		
8	减征、免征应纳税所得额		
9	弥补以前年度亏损		
10	实际利润额（4+5-6-7-8-9）		
11	税率（25%）		
12	应纳所得税额		
13	减：减免所得税额		
14	其中：符合条件的小型微利企业减免所得税额		
15	减：实际已预交所得税额		
16	减：特定业务预交（征）所得税额		
17	应补（退）所得税额（12-13-15-16）		
18	减：以前年度多缴在本期抵缴所得税额		
19	本月（季）实际应补（退）所得税额		
20	二、按照上一纳税年度应纳税所得额平均额预缴		
21	上一纳税年度应纳税所得额		
22	本月（季）应纳税所得额（21×1/4 或 1/12）		
23	税率（25%）		
24	本月（季）应纳税所得额（22×23）		
25	减：符合条件的小型微利企业减免所得税额		
26	本月（季）实际应纳所得税额（24-25）		
27	三、按照税务机关确定的其他方法预缴		
28	本月（季）税务机关确定的预缴所得税额		
29	总分机构纳税人		
30	总机构	总机构分摊所得税额（19 或 26 或 28×总机构分摊预缴比例）		
31		财政集中分配所得税额		
32		分支机构分摊所得税额（19 或 26 或 28×分支机构分摊比例）		
33		其中：总机构独立生产经营部门应分摊所得税额		

续表

行次	项目		本期金额	累计金额
34	分支机构	分配比例		
35		分配所得税额		

谨声明：此纳税申报表是根据《中华人民共和国企业所得税法》《中华人民共和国企业所得税法实施条例》和国家有关税收规定填报的，是真实的、可靠的、完整的。

法定代表人：　　　　　　　　　　　　　　　　　　年　月　日

纳税人公章：	代理申报中介机构公章：	主管税务机关受理专用章：
会计主管：	经办人：	受理人：
	经办人执业证件号码：	
填表日期：　年　月　日	代理申报日期：　年　月　日	受理日期：　年　月　日

国家税务总局监制

表7-4　中华人民共和国企业所得税月（季）度和年度纳税申报表（B类）

税款所属期间：　年　月　日至　年　月　日

纳税人识别号：

纳税人名称：　　　　　　　　　　　　　　金额单位：人民币元（列至角分）

项目			行次	累计金额
一、以下由按应税所得率计算应纳税所得额的企业填报				
应纳税所得额的计算	按收入总额核定应纳税所得额		1	
			2	
			3	
			4	
			5	
			6	
	按成本费用核定应纳税所得额		7	
			8	
			9	
应纳税所得额的计算	税率（25%）		10	
	应纳税所得额（6×10 或 9×10）		11	
应补（退）所得额的计算	减：符合条件的小型微利企业减免所得税额		12	
	已预缴所得税额		13	
	应补（退）所得税额		14	
二、以下由税务机关核定应纳税所得额的企业填报				
税务机关核定应纳所得税额			15	

谨声明：此纳税申报表是根据《中华人民共和国企业所得税法》《中华人民共和国企业所得税法实施条例》和国家有关税收规定填报的，是真实的、可靠的、完整的。

法定代表人：　　　　　　　　　　　　　　　　　　年　月　日

纳税人公章：	代理申报中介机构公章：	主管税务机关受理专用章：
会计主管：	经办人：	受理人：
	经办人职业证件号码：	
填表日期：　年　月　日	代理申报日期：　年　月　日	受理日期：

国家税务总局监制

第8天 消费税纳税业务入门知识

◇ 第1堂 认识消费税

一、消费税的概念和特点

消费税是针对消费品销售额与销售数量征收的一种税，其主要征税对象是在我国境内从事委托加工、进口与生产应税消费品的单位和个人。消费税是典型的间接税，其本身自然也具备了间接税的一般特点。其具体特征如下：

（1）消费税的征税对象是税法规定的特定产品。国家之所以如此做，是为了满足宏观产业政策和消费政策的要求，进而有重点地、有目的地选择一些消费品征收消费税。

（2）消费税是价内税，是价格的组成部分。

（3）按不同的产品设计不同的税率，同一产品同等纳税。

（4）消费税实行从价定率和从量定额两种计算方法。

二、消费税的征税范围与税率

根据比例税率和定额税率的标准，消费税总共设有14个税目。具体如下：

1. 烟

（1）征税范围：

①各种规格、型号的雪茄烟。

②以烟叶为原料加工生产的不经卷制的散装烟，如莫合烟、烟末、黄红烟丝、水烟、斗烟等。

(2) 征税税率：

①烟丝的税率是 30%。

②雪茄烟的税率是 36%。

③甲类烟卷［出厂价 70 元/条（含）以上］：生产环节的税率是 56%加 0.003 元/支。

④乙类烟卷［出厂价 70 元/条以下］：生产环节的税率是 36%加 0.003 元/支。

⑤在卷烟批发环节按照 5%的税率征收。

2. 酒及酒精

(1) 征税范围：

①各种原料酿制的黄酒。

②各种包装（含散装）的啤酒。

③用合成法和蒸馏法生产的各种医药酒精、工业酒精和食用酒精。

④酒度超过 12 度（含 12 度）的土甜酒。

(2) 征税税率：

①酒精按 5%税率征收。

②甲类啤酒按 250 元/吨，乙类啤酒按 220 元/吨定额税率征收。

③黄酒按 240 元/吨定额税率征收。

④白酒按 20%比例税率加 0.5 元/500 克定额税率征收。

⑤其他酒按 10%税率征收。

3. 化妆品

(1) 征税范围：

各类装饰类化妆品、美容、高档护肤类化妆品和成套化妆品。

(2) 征税税率：

化妆品按 30%税率征收。

4. 贵重首饰及珠宝玉石

(1) 征税范围：

①经采掘、打磨、加工的各种珠宝玉石与各种金银珠宝首饰。

②出国人员免税商店销售的金银首饰。

(2) 征税税率：

①金银首饰、钻石、钻石首饰或其他按 5%的税率征收。

②其他贵重首饰和珠宝玉石按 10%的税率征收。

5. 鞭炮、焰火

（1）征税范围：

①各种鞭炮、焰火。通常分为 13 类，即火箭类、喷花类、旋转类、旋转升空类、吐珠类、线香类、烟雾类、造型玩具类、摩擦炮类、小礼花类、炮竹类、组合烟花类、礼花弹类。

②体育上用的鞭炮药引线与发令纸不按本税目征收。

（2）征税税率：

各种鞭炮、焰火按 15%的税率征收。

6. 成品油

（1）征税范围：

①除汽油、柴油、煤油、溶剂油以外的各种轻质油。

②各种溶剂油。

③各种航空煤油。

④以石油为原料加工的矿物性润滑油与矿物性润滑油为基础。动物性润滑油、植物性润滑油与化工原料合成润滑油不在润滑油征收范围内。

（2）征税税率：

①石脑油、润滑剂和溶剂油按 1.0 元/升的税率征收。

②柴油、燃料油和航空煤油按 0.8 元/升的税率征收。

③含铅汽油按 1.4 元/升的税率征收，无铅汽油按 1.0 元/升。

7. 汽车轮胎

（1）征税范围：

矿山、建筑等车辆用轮胎，摩托车轮胎，各种挂车用轮胎，工程车轮胎，轻型乘用汽车轮胎，载重公共汽车、无轨电车轮胎，特种车辆用轮胎，其他机动车轮胎。

（2）征税税率：

汽车税率的税率是 3%。从 2001 年 1 月 1 日起子午线轮胎免征消费税，翻新轮胎停止征收消费税。

8. 摩托车

（1）征收范围：

轻便摩托车和摩托车。

(2) 征税税率：

①最大设计车速超过 50 公里/小时的摩托车，汽缸容量超过 250 毫升的，按 10%的税率征收。

②最大设计车速不超过 50 公里/小时的摩托车，汽缸容量不超过 250 毫升的，按 3%的税率征收。

9. 小汽车

(1) 征税范围：

①在设计和技术特性上用于载运乘客和货物、含驾驶员座位在内最多不超过 9 个座位（含）的各类乘用车和在设计和技术特性上用于载运乘客和货物、含驾驶员座位在内座位数在 10~23 座（含 23 座）的各类中型商用客车。

②用排气量大于 1.5 升的乘用车底盘（车架）或用中轻型商用客车底盘（车架）改装、改制的车辆属于中轻型商用客车征收范围。

③含驾驶员人数（额定载客）为区间值的（如 8~10 人、17~26 人）小汽车，按其区间值下限人数确定征收范围。

④用排气小于 1.5 升（含）的乘用车底盘（车架）改装、改制的车辆属于乘用车征收范围。

⑤电动汽车不属于本税目征收范围。

(2) 征税税率：

①汽缸容量在 1.0 升（含 1.0 升）以下的乘用车，税率为 1%。

②汽缸容量在 1.0~1.5 升（含 1.5 升）的乘用车，税率为 3%。

③汽缸容量在 1.5~2.0 升（含 2.0 升）的乘用车，税率为 5%。

④汽缸容量在 2.0~2.5 升（含 2.5 升）的乘用车，税率为 9%。

⑤汽缸容量在 2.5~3.0 升（含 3.0 升）的乘用车，税率为 12%。

⑥汽缸容量在 3.0~4.0 升（含 4.0 升）的乘用车，税率为 25%。

⑦汽缸容量在 4.0 升以上的乘用车，税率为 40%。

⑧中轻型商用客车的税率为 5%。

10. 高尔夫球及球具

(1) 征税范围：

①高尔夫球、高尔夫球杆、高尔夫球包（袋）。

②高尔夫球杆的杆头、杆身和握把。

（2）征税税率：

高尔夫球与球具按10%的税率征收。

11. 高档手表

（1）征税范围：

①高档手表是指销售价格（不含增值税）每只在10000元（含）以上的各类手表。

②本税目征收范围包括符合以上标准的各类手表。

（2）征税税率：

高档手表按20%的税率征收。

12. 游艇

（1）征税范围：

艇身长度大于8米（含）小于90米（含），内置发动机，可以在水上移动，一般为私人或团体购置，主要用于水上运动和休闲娱乐等非牟利活动的各类机动艇。

（2）征税税率：

游艇按10%的税率征收。

13. 木制一次性筷子

（1）征税范围：

①各种规格的木制一次性筷子。

②未经打磨、倒角的木制一次性筷子。

（2）征税税率：

木制一次性筷子按5%的税率征收。

14. 实木地板

（1）征税范围：

①实木指接地板、实木复合地板及用于装饰墙壁、各类规格的实木地板。

②未经涂饰的素板。

（2）征税税率：

实木地板按5%的税率征收。

三、兼营情况下税率的确定

消费税纳税人在销售应税消费品时，并非单一经营某一税率的产品，而是经营多种不同税率的产品，纳税人的这种行为就叫做消费税的兼营行为。税法规定，经营多种不同税率的应税消费品的企业，其销售额与销售数量要分别核算，依照各自适用税率计算征税。如有下列情况发生，需要按照适用税率中的最高税率征收消费税。

（1）企业虽经营不同税率应税消费品却并未分别核算消费品的销售额与销售数量的，在这种情况下，需按照最高税率征收消费税。

（2）将适用税率不同的应税消费品与应税消费品、非应税消费品组成成套消费品进行商业销售，需按照应税消费品中适用的最高税率征收消费税。

因此，在经营不同税率的应税消费品时，企业为达到降低税负的目的，须选择合适的销售方式和核算方式即可。

◇ 第2堂 消费税的纳税人和征税范围

一、消费税的纳税义务人

在我国境内从事委托加工、进口与生产应税消费品的单位和个人就是消费税的纳税义务人。具体可以分为：

（1）从事生产销售应税消费品的单位和个人。

（2）委托加工应税消费品的单位和个人。

（3）进口应税消费品的单位和个人。

这里所称的单位是指社会团体、事业单位、军事单位、国有企业、股份制企业、集体企业、私有企业、其他企业和行政单位及其他单位；个人是指个体经营者及其他个人。

二、消费税计税依据和应税销售行为的确定

消费税实行从价定率、从量定额，或者从价定率和从量定额复合计税（以下简称"复合计税"）的办法计算应纳税额。

1. 从价定率计征消费税的计税依据

实行从价定率征税的应税消费品以应税消费品的销售额（即销售数量与单位销售价格的乘积）为计税依据。

（1）应税销售行为的确定。要正确核定消费税的计税依据的前提是确定应税消费品的销售行为。根据《消费税暂行条例及实施细则》的规定，一旦出现下列情况就等于确定了销售额（包括销售数量），需要按相关规定缴纳消费税。

①有偿转让应税消费品所有权的行为。所谓有偿转让应税消费品所有权的行为，指以从受让方取得经济利益（包括货币、货物劳务或其他）为条件转让消费税消费品所有权的行为。具体包括：用应税消费品支付代扣手续费或销售回扣；纳税人用应税消费品换取生产或消费资料。

②纳税人将自产自用的应税消费品用在其他的方面。具体而言，就是纳税人将自产自用应税消费品用于在建工程、管理部门、生产非应税消费品、非生产机构、赞助、广告、样品、职工福利、奖励、集资、提供服务、馈赠等方面，都视作对外销售。

③委托加工的应税消费品。对于受托方先将材料卖给委托方后接受加工的应税消费品，或由受托方提供原材料生产的应税消费品，不管纳税人是否进行销售处理，都要按照受托方不能作为销售自制应税消费品对待，不能视为加工应税消费品。但是，委托加工的应税消费品可不计算销售额直接售出，即不再缴纳消费税。

（2）销售额的确定。所谓销售额，指在销售应税消费品时，纳税人向购买方收取的全部价款和价外费用。

2. 从量定额计征消费税的计税依据

实行从量定额征税的应税消费品以应税消费品的销售数量为计税依据。下面是对应税消费品的数量的一些相关规定：

（1）自产自用应税消费品的，为应税消费品的移送使用数量。

（2）委托加工应税消费品的，为纳税人收回的应税消费品数量。

（3）进口的应税消费品，为海关核定的应税消费品进口征税数量。

（4）销售应税消费品的，为应税消费品的销售数量。

3. 复合计征的计税依据

现行消费税征收范围中，只有粮食白酒、薯类白酒、卷烟采用复合计征方法。进口、委托加工、生产自用烟卷、粮食白酒、薯类白酒从量定额计税依据分别为海关核定的进口征税数量、委托方收回数量、移送使用数量。生产销售卷烟、粮食白酒、薯类白酒从量定额计税依据实际销售数量。

三、可以抵扣消费税的范围

根据我国税法的相关规定，纳税人用于连续生产的应税消费品、外购和委托加工的应税消费品、已缴纳的消费税税款，准予在计算应纳消费税税额时抵扣。其具体范围如下：

（1）外购的已税烟丝。

（2）外购的已税化妆品。

（3）外购的高尔夫球杆。

（4）外购的已税汽车轮胎（内胎与外胎）。

（5）外购的已税润滑油。

（6）外购的已税摩托车。

（7）外购的已税石脑油。

（8）外购的已税木制一次性筷子。

（9）外购的已税实木地板。

（10）外购的已税珠宝玉石。

◇ 第3堂 消费税税额计算和税务处理

一、消费税应纳税额的一般计算方法

消费税应纳税额计算主要包括自产自销消费品消费税的计算、自产自用消费品消费税的计算、委托加工应税消费品消费税的计算、外购应税消费品连续生产应税消费品消费税的计算、进口应税消费品应纳消费税的计算等。

1. 自产自销消费品消费税的计算

（1）从价定率法。在从价定率计算方法下，应纳税额的计算取决于应税消费品的销售额和适用税率两个因素。其计算公式为：

应纳税额 = 应税消费品的销售额 × 适用税率

（2）从量定额法。在从量定额计算方法下，应纳税额的计算取决于应税消费

品的销售数量和单位定额两个因素。其计算公式为：

应纳税额＝应税消费品的销售数量×单位税额

（3）复合计税法。现行消费税的征税范围中，只有粮食白酒、薯类白酒、卷烟采用复合计税法。其计算公式为：

应纳税额＝销售额×比例税率＋销售数量×定额税率

2. 自产自用消费品消费税的计算

纳税人自产自用的应税消费品，按照纳税人生产的同类消费品的销售价格计算纳税；没有同类消费品销售价格的，按照组成计税价格计算纳税。

（1）从价定率法。

其计算公式为：

应纳税额＝组成计税价格×税率＝[（成本＋利润）÷（1－比例税率）]×税率

（2）从量定额法。

其计算公式为：

应纳税额＝单位税额×移送使用的应税消费品数量

（3）复合计税法。

其计算公式为：

应纳税额＝组成计税价格×比例税率＋自产自用数量×定额税率＝[（成本＋利润＋自产自用数量×定额税率）÷（1－比例税率）]×比例税率＋自产自用数量×定额税率

3. 委托加工应税消费品消费税的计算

委托加工的应税消费品，按照受托方的同类消费品的销售价格计算纳税，没有同类消费品销售价格的，按照组成计税价格计算纳税。

（1）从价定率法。

其计算公式为：

组成计税价格＝（材料成本＋加工费）÷（1－比例税率）

（2）复合计税法。

其计算公式为：

应纳税额＝组成计税价格×税率＝[（材料成本＋加工费＋委托加工数量＋定额税率）÷（1－比例税率）]×税率

在公式中，"材料成本"指委托方所提供加工材料的实际成本；"加工费"

指受托方加工应税消费品向委托方所收取的全部费用，包括代垫辅助材料的实际成本。

(3) 用委托加工收回的应税消费品连续生产应税消费品计算征收消费税问题。

如果委托加工收回的应税消费品直接出售，则不再缴纳消费税；如果以委托加工收回的应税消费品为原料，用于连续生产应税消费品，当其销售时，准予从应纳消费税中扣除原已缴纳的消费税。

当期准予扣除的委托加工应税消费品已纳消费税税款的计算公式为：

当期准予扣除的委托加工应税消费品已纳税款 = 初期库存的委托加工应税消费品已纳税款 + 当期收回的委托加工应税消费品已纳税款 - 末期库存的委托加工应税消费品已纳税款

4. 外购应税消费品连续生产应税消费品消费税的计算

纳税人用外购的下列应税消费品连续生产应税消费品，在计征消费税时可以扣除外购应税消费品的已纳消费税税款：

其计算公式为：

应纳税额 = 销售额 × 税率 - 外购应税消费品已纳税款 = 销售额 × 税率 - 当期准予扣除的外购应税消费品买价 × 外购应税消费品适用税率 = 销售额 × 税率 - (初期库存的外购应税消费品的买价 + 当期购进的应税消费品的买价 - 期末库存的外购应税消费品的买价) × 外购应税消费品适用税率

外购已税消费品的买价，指购货发票上注明的销售额，并不包含增值税税额在内。

5. 进口应税消费品应纳消费税的计算

纳税人进口应税消费品，按照组成计税价格或进口数量计算纳税。其计算公式为：

(1) 从价定率法。

其计算公式为：

应纳税额 = 组成计税价格 × 比例税率 = [(关税完税价格 + 关税) ÷ (1 - 消费税税率)] × 比例税率

(2) 从量定额法。

其计算公式为：

应纳税额 = 进口数量 × 定额税率

(3) 复合计税法。

其计算公式为：

应纳税额＝进口数量×定额税率＋组成计税价格×税率＝进口数量×定额税率＋[(关税完税价格＋关税＋进口数量×定额税率)÷(1－消费税比例税率)]×税率

二、出口应税消费品退（免）税的计算及计算依据

在政策上，出口应税消费品退（免）消费税主要划分为以下三种情况：

(1) 出口免税并退税。

(2) 出口免税但不退税。

(3) 出口不免税也不退税。

只有适用出口免（退）税政策时，才会涉及应退消费税的问题。其计算分以下几种情况：

(1) 采用从价定率计算消费税的应税消费品时，要以外贸企业从工厂购进货物时征收消费税的价格为依据计算应退消费税税款。其计算公式为：

应退消费税税款＝出口货物的工厂销售额×税率

(2) 采用从量定额计算消费税的应税消费品时，要以货物购进和报关出口的数量为依据计算应退消费税税款。其计算公式为：

应退消费税税款＝出口数量×单位税额

(3) 采用复合计税法计算消费税的应税消费品，要以按货物购进和报关出口的数量、外贸企业从工厂购进货物时征收消费税的价格为依据计算应退消费税税款。其计算公式为：

应退消费税税额＝出口货物的工厂销售额×税率＋出口数量×单位税额

三、委托加工应税消费品应纳消费税的税务处理

根据我国税法的有关规定，在委托方提货时，委托加工的应税消费品由受托方代收代缴消费税。

根据现行会计制度的相关规定，委托方委托加工时因发出货物的不同，而需在不同的科目中进行核算。因此，不同货物在税务处理的方法上也有所不同。在这种情况下，缴纳的消费税也会因核算科目不同而计入相应科目。可是，委托加

工应税消费品应纳消费税的税务处理方法究竟有哪些呢？

（1）委托方把委托加工的产品收回之后直接用于销售的，应将支付的加工费与受托方代收代缴的消费税一同计入委托加工的应税消费品成本，借记"委托加工物资"科目，贷记"应付账款"科目。

（2）委托方把委托加工产品收回之后用于连续生产应税消费品的，应将受托方代收代缴的消费税计入应税消费品缴纳消费税，借记"应交税费——应交消费税"科目，予以抵扣。在提货时，委托方按照受托方代收代缴的消费税借记"应交税费——应交消费税"科目，按照应支付的加工等借记"委托加工物资"科目，按照支付加工费相应的增值税税额借记"应交税费——应交增值税"科目，贷记"银行存款"科目。等到加工成为最终应税消费品销售时，按照最终应税消费品应缴纳的消费税，借记"营业税金及附加"科目，贷记"应交税费——应交消费税"科目。

◇ 第4堂 消费税纳税申报与缴纳

一、消费税纳税的时间、地点和期限

1. 消费税的纳税时间

纳税人生产的应税消费品需在销售时纳税，进口消费品需在应税消费品报关进口时纳税，但钻石、钻石饰品、金银首饰等需在零售时纳税。消费税纳税义务发生的时间，以行为发生时间和贷款结算方式的不同而有所不同。

（1）纳税人销售应税消费品的纳税义务发生时间是：

①采用分期收款与赊销的结算方式的应税消费品，其纳税义务发生时间是在销售合同规定的收款当天。

②采用预期货款结算方式的应税消费品，其纳税义务发生时间是在应税消费品的当天。

③采用托收承付和委托银行收款方式的应税消费品，其纳税义务发生时间是在应税消费品办妥托收手续的当天。

④其他结算方式，其义务发生时间是在取得索取销售款的凭据或收讫销售款的当天。

（2）纳税人委托加工的应税消费品，其发生是纳税人提货的当天。

（3）纳税人自产自用的应税消费品，其发生是移送使用的当天。

（4）纳税人进口的应税消费品，其发生是报送进口的当天。

2. 消费税的纳税地点

除国务院财政、税务主管部门另有规定外，纳税人销售的应税消费品与自产自用的应税消费品应该向纳税人居住地的主管税务机关或机构所在地申报纳税。纳税人委托外县（市）代销或到外县（市）销售自产应税消费品的，应在应税消费品售出之后，向居住地主管税务机关或机构所在地申报纳税。纳税人的总机构与分支机构不在同一县（市）的，需分别向各自机构所在地的主管税务机关申报纳税。经国务院财政、国家税务总局或其授权的财政、税务机关批准，可由总机构汇总之后向总机构所在地的主管税务机关申报纳税。

委托个人加工的应税消费品，由委托方向其居住地主管税务机关或机构所在地申报纳税。除受托方为个人外，委托加工的应税消费品，由受托方向居住地的主管税务机关或机构所在地解缴消费税。

3. 消费税的纳税期限

消费税的纳税期限分为1日、3日、5日、10日、15日、1个月或者1个季度。纳税人的具体纳税期限，由主管税务机关根据纳税人应纳税额的大小分别核定；不能按照固定期限纳税的，可以按次纳税。

纳税人以1日、3日、5日、10日或15日为1个纳税期限的，自期满之日起15日内申报纳税，于次月1日起15日内申报纳税并结算上月应纳税款；以1个月或1个季度为1个纳税期限的，自期满之日起15日内申报纳税。

二、报缴消费税款的方法

关于纳税人报缴税款的方式，通常由所在地主管税务机关根据纳税人具体情况的不同而定。以下三种方式是较为常见的：

（1）纳税人在规定期限内向税务机关填开纳税缴款书，并填报纳税申报表，向其所在地的代理银行缴纳税款。

（2）纳税人在规定期限内向税务机关填报纳税申报表，在税务机关批准之后填发缴款书，并缴纳税款。

（3）对于那些会计核算不健全的小型业户来说，税务机关需根据销售情况，按季或按年核定并征收税款。

三、消费税税收优惠

我国税法规定，某些产品可以享受消费税的税收优惠，其主要包括税率优惠与减免税。

1. 税率优惠

金银、基金、银基合金及镶嵌首饰，减按5%税率征收。

2. 减免税

（1）军队系统所属企业出口军需工厂生产的应税消费品与军品，在生产环节免征消费税，出口时不退税。

（2）航空煤油暂缓征收消费税。

（3）纳税人出口应税消费品时，免征消费税。

（4）采用外购或委托加工收回的已税汽油生产的乙醇汽车免税。

（5）从2001年1月1日起，子午线轮胎免征消费税，翻新轮胎停止征收消费税。

（6）关于燃料油消费税税收优惠的相关规定：

①用作生产乙烯、芳烃等化工产品原料的进口燃料油，返还消费税。

②用燃料油生产乙烯、芳烃等化工产品产量占本企业用燃料油生产产品总量超过50%（含50%）的企业，享受优惠政策。

③用作生产乙烯、芳烃等化工产品原料的国产燃料，免征消费税。

④企业购买的用作生产乙烯、芳烃等化工产品原料的燃料油，退还消费税。

（7）利用废弃的动植物油生产纯生物柴油。

（8）关于成品油生产企业生产自用油在消费税收优惠方面的相关规定：

①在成品油生产企业生产成品油时作为燃料、动力及原料所消耗的自产成品油产生的消费税予以免征。

②对符合免税规定的成品油生产企业生产自用油的已纳消费税的部分，予以退还。

（9）油（气）田企业生产自用成品油。

（10）葡萄酒。

四、消费税纳税申报表

表8-1 消费税纳税申报表

填表日期： 年 月 日

纳税人识别号： 　　　　　　　　　　　　　金额单位： 元（列至角分）

纳税人名称			××啤酒厂			税款所属时期		2×××年×月		
产品名称	适用税目	销售数量	销售额	视同销售数量	视同销售金额	计税金额或计税数量	税率或税额	本期准予扣除税额	本期应缴税金	本期已缴税金	本期应补（退）税金
1	2	3	4	5	6	7=4+6 或 3+5	8	9	10=7×8-9	11	12=10-11
合计											

如纳税人填报，由纳税人写以下各栏			如委托代理人填报，由代理人写以下各栏				备注
会计主管（签章）	经办人（签章）	纳税人（签章）	代理人名称		代理人（签章）		
			代理人地址				
			经办人		电话		
以下由税务机关填写							
收到申报表日期				接收人			

注：本表用于销售自产应税消费品或视同销售应税消费品的纳税申报，各栏计算逻辑关系如表8-1所示。其中：第2栏"适用税目"按税法列举的税目填写；第3栏"销售数量"要填写计量单位；第4栏"销售额"指不含增值税的销售额；第5栏"视同销售数量"和第6栏"视同销售金额"应填报资产自用、赞助集资、广告、样品等用于非应税消费品生产的应税消费品；第7栏"计税金额或计税数量"根据应税消费品的计税方法填写；第9栏"本期准予扣除税额"为当期生产领域、外购或委托加工收回的应税消费品已纳的消费税款。

第9天 出口退税纳税业务入门知识

◇ 第1堂 认识出口退税

一、出口退税的概念和特点

出口货物退（免）税，简称出口退税，是一种对出口货物退还其在国内生产、流通等环节缴纳的增值税、营业税、产品税等税款的税种。

对于任何一个国家而言，出口货物退税制度都是税收的重要组成部分。我国的出口退税制度是参照国际上的通行做法，经过多年的基础实践形成的专项税收制度。这一税收制度与其他税收制度相比，主要具备以下特点：

1. 收入退付行为

税收是国家为满足社会需求，依照法律的规定，参与国民收入中剩余产品分配的一种形式。作为一项具体的税收制度，出口退税的目的与其他的税收制度有所不同。其具体表现是，在货物出口后，国家会将出口货物在国内已经缴纳的流转税退还企业。很显然，这与其他的税收制度筹集财政资金的目的是存在诸多差异的。

2. 调节职能的单一性

我国实行出口退税的政策，目的在于让企业出口货物以不含税的价格参与到国际市场的激烈竞争中，这无疑是提高企业产品竞争力的一项政策性措施。与其他税收制度收入和减免并存、鼓励与限制并存的双向调节职能比较，出口退税具有调节职能单一性的特点。

3. 间接税范畴内的一种国际惯例

在世界上，间接税制度被很多国家所实行，虽然各国的具体间接税政策有所差异，但是就间接税制度中对于出口税货物的"零税率"来说，各国基本是一致的。为奉行出口货物间接税的"零税率"原则，有的国家实行退税制度，有的国家实行免税制度，有的国家则实行退、免税并行制度，其目的是对出口货物免征间接税或退还间接税，从而让企业出口的产品在国际市场中更具竞争力。当然，出口退税政策与各国的征税制度是密切相关的，脱离了征税制度，出口退税便将失去具体的依据。

二、出口退税的退税条件

依照我国税法的相关规定，只有具备了一定条件的产品才享有出口退税的优惠政策，否则将不予退还税款。那么，出口退税的退税条件主要包括哪些内容呢？

1. 增值税、消费税征收范围内的货物才享有出口退税的资格

增值税、消费税征收范围内的货物主要包括除直接向农业生产者收购的免税农产品之外的所有增值税的应税货物，及酒、化妆品、烟等征收消费税的产品。

之所以有这样的规定，是因为出口退税只能针对已征收过增值税、消费税的货物免征或退还其已纳和应纳税额，而对于国家规定的免税的货物，及未征收增值税、消费税的货物则不能予以退还，以充分体现"未征不退"的原则。

2. 报关离境出口的货物才享有出口退税的资格

出口（全称是"输出关口"），它主要包括委托代理出口与自营出口两种形式。严格依照税法的规定，确定货物是否属于退（免）税范围的主要标准之一是货物是否报关离境出口。凡不报关离境、在国内销售的货物，除了国家财政部、税务机关另外规定外，不管出口企业是以外汇还是以人民币结算，也不管出口企业如何进行财务处理，都不能视作出口货物予以退税。

对于在境内销售收取外汇的货物而言，因其本身与离境出口的条件不符，所以不能给予退（免）税。

3. 在财务上做出销售处理的货物才享有出口退税的资格

在财务上做出出口货物处理的货物才能办理退（免）税，换而言之，就是出口退（免）税的相关规定只针对于贸易性的出口货物，对于非贸易性的出口货物

(包括捐赠的礼品、样品、展品、邮寄品等)，因其一般不做财政销售处理，所以按照现行规定不能予以退（免）税。

4. 已收汇并经核销的货物才享有出口退税的资格

依照现行税法的相关规定，出口企业申请办理退（免）税的出口货物，必须是通过外汇管理部门核销的货物。

通常情况下，出口企业向税务机关申请办理退（免）税的货物，需要同时具备以上四个条件。但是，生产企业（包括委托外贸企业代理出口的生产企业、外商投资企业、有进出口经营权的生产企业，下同）申请办理出口退税时还需增加一个条件，那就是申请退（免）税的货物必须是生产企业的自产货物。

三、我国出口退税的政策

财政部、国家税务总局发出通知，自 2014 年 1 月 1 日起，增值税纳税人发生虚开专用发票或者其他增值税扣税凭证、骗取国家出口退税款行为，被税务机关行政处罚或审判机关刑事处罚的，其销售的货物、提供的应税劳务和营业税改征增值税应税服务执行以下政策：

享受增值税即征即退或者先征后退优惠政策的纳税人，自税务机关行政处罚决定或审判机关判决或裁定生效的次月起 36 个月内，暂停其享受上述增值税优惠政策。出口企业或其他单位发生增值税违法行为对应的出口货物劳务服务，视同内销，按规定征收增值税，骗取出口退税的按查处骗税的规定处理。以农产品为原料生产销售货物的纳税人发生增值税违法行为的，自税务机关行政处罚决定生效的次月起，按 50% 的比例抵扣农产品进项税额；违法情形严重的，不得抵扣农产品进项税额。

◇ 第 2 堂　出口退税的纳税人和征税范围

一、办理出口货物的纳税人应履行的纳税义务

办理出口货物的纳税人应履行的纳税义务如下：

（1）在海关采取强制措施的同时，也要对纳税人未缴纳的滞纳金实行强制执行。

(2) 纳税人需在税款缴款期限之内履行纳税义务，逾期缴纳税款的，除要履行纳税义务外，还需自缴款期限截止之日起到缴清税款之日止，按日加付欠缴税款 0.5‰ 的滞纳金（滞纳金的起征点是人民币 50 元）。

(3) 纳税人从缴纳税款期限截止日起超过 3 个月未缴税款的，经过直属海关关长或者其授权的隶属海关关长批准，海关能够采取以下强制性措施：

①以书面的形式通知纳税人开户银行从其存款中扣缴税款。

②将纳税人的应税货物依法变卖，以其所得抵缴税款。

③扣留并依法变卖纳税人其他的与应纳税款的货物具有相近价值的财务，以其所得抵缴税款。

二、出口退税的范围

(1) 除国家财政部、税务机关另有规定外，下列企业出口属于增值税、消费税征收范围货物可以办理出口退（免）税：

①生产企业（无进出口权）委托外贸企业代理出口的自产货物。

②有出口经营权的内（外）资生产企业自营出口或委托外贸企业代理出口的自产货物。

③保税区内企业从区外有进出口权的企业购进直接出口或加工后再出口的货物。

④下列特定企业（不限于是否有出口经营权）出口的货物：

a. 对外承包工程公司运出境外用于对外承包项目的货物，可以办理出口退税。

b. 对外承接修理修配业务的企业用于对外修理修配的货物，可以办理出口退税。

c. 外轮供应公司、远洋运输供应公司销售给外轮、远洋国轮而收取外汇的货物，可以办理出口退税。

d. 企业在国内采购并运往境外作为在国外投资的货物，可以办理出口退税。

e. 援外企业利用中国政府的援外优惠贷款和合资合作项目基金方式下出口的货物，可以办理出口退税。

f. 外商投资企业特定投资项目采购的部分国产设备，可以办理出口退税。

g. 利用国际金融组织或国外政府贷款，采用国际招标方式，由国内企业中标销售的机电产品，可以办理出口退税。

h. 境外带料加工装配业务企业的出境设备、原材料及散件，可以办理出口退税。

i. 外国驻华使（领）馆及其外交人员、国际组织驻华代表机构及其官员购买的中国产物品，可以办理出口退税。

⑤有出口经营权的外贸企业收购后直接出口或委托其他外贸企业代理出口的货物，可以办理出口退税。

（2）符合一般退（免）税货物条件的，给予退（免）税。

（3）除另有规定的，以下企业出口货物给予免税，但不予退税：

①委托外贸企业代理出口的自产货物。

②外贸企业从小规模纳税人购进并持普通发票的货物出口，免税但不予退税。但考虑到以下货物存在出口较为重大、采购特殊性等因素，特准退税：草柳竹藤制品、渔网渔具、抽纱、五倍子、工艺品、香料油、生漆、松香、山羊板皮、鬃尾、山货、纸制品。

③外贸企业直接购进国家规定的免税货物（包括免税农产品）出口的，免税但不予退税。

④外贸企业自非农业产品收购单位、非市县外贸企业、非生产企业、非成机电设备供应公司和非基层供销社收购出口的货物。

⑤生产企业的小规模纳税人自营出口货物。

（4）除经批准为进料加工复出口贸易之外，以下出口货物不免税也不退税：

①一般物资援助项下实行承包结算制的援外出口货物。

②生产企业自营货物。

③国家明令禁止出口的（如铜、铜基合金、白金、天然牛黄及麝香等）货物。

④委托出口的非自产货物。

（5）贸易方式与出口退（免）税。出口企业出口货物的贸易方式主要有进料加工、易货贸易、一般贸易、来料加工，对进料加工、易货贸易、一般贸易可按规定办理退（免）税；来料加工免税。

三、变更退税登记的范围

一般情况下，在企业生产经营状况发生某些变化或某些退税政策发生变动时，需要根据具体情况办理变更或注销退税登记。也就是说，并非所有的变动情况都能够办理变更退税登记。

1. 变更退税登记的范围

（1）改变法定代表人、财务经理、办税员。

（2）增设或撤销分支机构。

（3）改变名称。

（4）改变企业代码。

（5）改变住所或经营地点。

（6）改变或增减开户银行基本账号。

（7）改变生产经营范围或经营方式。

（8）增减注册资金（资本）。

（9）改变隶属关系。

（10）改变生产经营期限。

（11）改变其他税务登记内容。

2. 企业在办理变更退税登记时应提交的资料

（1）变更税务登记申请书。

（2）工商变更登记表及工商执照（注册登记执照）。

（3）退税机关发放的原退税登记证件（登记证正、副本，登记表等）。

3. 特殊规定

（1）出口企业因解散、破产、撤销等骗税行为暂缓退税，或依法停止退税业务的，应该在向工商行政管理机关办理注销手续之前，将退税款额核算清，追回多退的款项，再持有关证件到原退税机关申请办理注销退税登记。

（2）出口企业因经营地点、住所的改变而涉及改变退税税务登记机关的，应该在向工商行政管理机关申请办理变更或注销登记之前或经营地点、住所改变之前，向原退税登记机关申请办理注销退税登记。

（3）被工商行政管理机关吊销营业执照的出口企业，应该从营业执照被吊销之日起30日内，向原退税登记机关申请注销退税登记。

（4）出口企业在办理注销退税登记时，需要提交的材料包括：

①外商投资企业应报送政府部门的批复和董事会决议，上级主管部门批文或董事会、职代会的决议。

②工商行政管理机关吊销执照决定书或同意注销登记的证件。

③结清税款、罚款、滞纳金的缴款书复印件。
④原退税机关核发的税务登记证件（正、副本原件）。
⑤其他资料、证件。

4. 对逾期办理出口退（免）税登记的企业除令其限期纠正外，处以1000元罚款；对未办理出口退税税务登记证的企业，一律不予办理出口退（免）税

◇ 第3堂 出口退税额计算和税务处理

一、出口退税计税的依据及计算方法

出口退税的计税依据是计算应退（免）税款的标准与根据。正确计算退（免）税款是做好退税工作的前提，这不仅与征税与退税多少有关系，还与国家财政收入与支出有关系。所以，正确确定出口退税的计税依据十分重要。

1. 外贸企业出口货物应退增值税税额的计税依据

（1）出口货物单设销售账与库存账记载的，需根据购进出口货物专用发票列出的进项金额作为计税依据；对库存出口商品采取加权平均价核算方法的企业，也需要按照适用不同退税率的货物用下列公式计算加以确定：

退税计税依据＝出口货物数量×加权平衡购进单价

（2）从小规模纳税人购进特准退税的出口货物，退税依据用下列公式计算加以确定：

退税计税依据＝普通发票所列销售金额÷(1＋征收率)

从小规模纳税人购进持有税务机关代开的专用发票的出口货物退税依据用下列公式计算加以确定：

退税计税依据＝专用发票上注明的销售金额

（3）对于出口企业委托生产企业加工收回后报关出口的，其退税依据是购买加工货物的原料、支付加工货物的工缴费等专用发票所列出的进项金额。其计算公式为：

合计应退税额＝原辅材料应退税额＋加工费应退税额＝购进原辅材料专用发票所列进项金额×原辅材料的退税率＋加工费发票所列金额×出口货物的退税率

2. 外贸企业出口货物应退消费税税额的依据

凡属从量定额计征消费税的货物应依货物购进和报关出口的数量为依据；凡属从价定率计征消费税的货物应依外贸企业从工厂购进货物时征收消费税的价格为依据。其计算公式为：

应退消费税税款 = 出口货物的工厂销售额（出口数量）× 税率（单位税额）

3. 生产企业出口退税的计税依据及计算方法

根据国税发〔2002〕11号规定，生产企业出口货物"免、抵、退税额"应根据出口货物离岸价、出口货物退税率计算。出口货物离岸价以出口发票上的离岸价为准（委托代理出口的，出口发票可以是委托方开具的或受托方开具的），若以其他价格条件成交的，应扣除按会计制度规定允许冲减出口销售收入的运费、保险费、佣金等。若申报数与实际支付数有差额的，在下次申报退税时调整（或年终清算时一并调整）。若出口发票不能如实反映离岸价，企业应按实际离岸价申报"免、抵、退"税，税务机关有权按照《中华人民共和国税收征收管理法》《中华人民共和国增值税暂行条例》等有关规定予以核定。

当期应纳税额的计算公式为：

当期应纳税额 = 当期内销货物的销项税额 −（当期进项税额 − 当期免抵退税不得免征和抵扣税额）

免抵退税额的计算公式为：

免抵退税额 = 出口货物离岸价 × 外汇人民币牌价 × 出口货物退税率 − 免抵退税额抵减额

免抵退税额抵减额 = 免税购进原材料价格 × 出口货物退税率

免税购进原材料，主要包括国内购进免税原材料与进料加工免税进口料件，其中进料加工免税进口料件的价格就是组成计税的价格。其计算公式为：

进料加工免税进口料件的组成计税价格 = 货物到岸价格 + 海关实征关税 + 海关实征消费税

当期应退税额和当期免抵税额的计算公式为：

（1）当期期末留抵税额 ≤ 当期免抵退税额时，当期应退税额 = 当期期末留抵税额，当期免抵税额 = 当期免抵退税额 − 当期应退税额

（2）当期期末留抵税额 > 当期免抵退税额时，当期应退税额 = 当期免抵退税额

当期免抵税额 = 0

其中,"当期期末留抵税额"指的是当期《增值税纳税申报表》中列出的"期末留抵税额"。

免抵退税不得免征和抵扣税额的计算公式为:

免抵退税不得免征和抵扣税额 = 当期出口货物离岸价 × 外汇人民币牌价 ×（出口货物征税税率 - 出口货物退税率）- 免抵退税不得免征和抵扣税额抵减额 = 当期出口货物离岸价 × 外汇人民币牌价 ×（出口货物征税税率 - 出口货物退税率）- 免税购进原材料价格 ×（出口货物征税税率 - 出口货物退税率）

新发生出口业务的生产企业从发生首次出口业务之日起自发生首笔出口业务之日起12个月内的出口业务,不计算当期应退税额,当期免抵税额等于当期免抵退税额;未抵顶完的进项税额,结转下期继续抵扣,从第13个月开始规定计算按免抵退税计算公式计算当期应退税额。

二、增值税退税率

增值税退税税率的相关规定如下:

1. 一般规定

除国家财政部、税务机关另有规定外,适用征税率作为出口货物的退税率。

2. 特殊规定

（1）外贸企业从小规模纳税人购进的出口货物、购进按简易办法征税的出口货物,其退税率分别为小规模纳税人征收率、简易办法实际执行的征收率。上述出口货物取得专用发票的,退税率按照出口货物退税率和专用发票上的税率哪一个更低的原则进行确定。

（2）出口企业委托加工修理修配货物的退税率为出口货物的退税率。

三、出口退税的账务处理

出口退税的账务处理主要分为一般贸易出口退税的会计处理、外贸企业出口退税的会计处理、生产型企业出口退税的会计处理等。

1. 一般贸易出口退税的会计处理

出口退税（增值税）在"其他应收款——应收补贴款"中核算,不计入企业的收入,也不计入企业的应纳税所得额,故不征收所得税。

(1) 货物出口并确认收入实现时：

借：应收账款（或银行存款等）

  贷：主营业务收入（或其他业务收入等）

(2) 月末根据《免抵退税汇总申报表》中计算出的"免抵退税不予免征和抵扣税额"：

借：主营业务成本

  贷：应交税费——应交增值税（进项税额转出）

(3) 月末根据《免抵退税汇总申报表》中计算出的"应退税额"：

借：其他应收款——应收补贴款

  贷：应交税费——应交增值税（出口退税）

(4) 月末根据《免抵退税汇总申报表》中计算出的"免抵税额"：

借：应交税费——应交增值税（出口抵减内销产品应纳税额）

  贷：应交税费——应交增值税（出口退税）

(5) 收到出口退税款时：

借：银行存款

  贷：其他应收款——应收补贴款

2. 外贸企业出口退税的会计处理

(1) 外贸企业出口货物的销售实现时间。在出口货物时，不管选择哪一种运输方式（海、陆、空、邮等），其出口销售收入的实现时间都是在取得运单并向银行办理交单后。

(2) 外贸企业出口退税（增值税）的会计处理。外贸公司出口货物必须单独核算购进金额和进项金额，例如，在购进货物时未能确定此货物是用于出口还是销售，均应计入出口库存账，待内销时再从出口库存账转入内销库存账。

①购进出口货物时：

借：应交税金——应交增值税（进项税金）

  贷：银行存款（应付账款）

②在货物出口之后，要根据退税率和征税率之间的差额，计算征退税差额及应收出口退税额：

借：主营业务成本（征退税差额）

  贷：应交税金——应交增值税（进项税转出）

③收到出口退税款：

借：银行存款

　　贷：应收出口退税

（3）外贸企业出口退税（消费税）核算。外贸企业自己经营并出口应税消费品，应该在应税消费品报关出口之后向主管退税的税务机关提起退还已纳消费税的申请。

①货物出口后计算应退税款：

借：应收出口退税（消费税）

　　贷：主营业务成本

②收到退回的消费税款时：

借：银行存款

　　贷：应收出口退税（消费税）

3. 生产型企业出口退税的会计处理

生产型企业出口退税的会计处理的形式有两种，具体情况如下：

第一种处理方式：

（1）货物出口并确认收入实现时：

借：应收账款（银行存款）

　　贷：主营业务收入（其他业务收入）

（2）计算出"免抵退税不予免征和抵扣税额"时：

借：主营业务成本

　　贷：应交税金——应交增值税（进项税额转出）

（3）计算出"应退税额"时：

借：应收补贴款——出口退税

　　贷：应交税金——应交增值税（出口退税）

（4）计算出"免抵税额"时：

借：应交税金——应交增值税（出口抵减内销应纳税额）

　　贷：应交税金——应交增值税（出口退税）

（5）收到退税款时：

借：银行存款

　　贷：应收补贴款——出口退税

第二种处理方式：

对于按照会计制度规定允许扣除的保险费、运费及其他费用，在实际结算时，与原有预估入账金额有差额的，可在结算月份进行调整。

对于企业已经上交的申报数据有错误的，不可直接在原申报数据上进行调整，而应该在之后用红蓝字调整法进行调整。

对于增值税纳税申报与出口退税申报产生差额的，需要在下期进行账务处理，同时调整增值税纳税申报表。

因为上述原因须进行账务调整的，其处理方式为：

（1）对本年度出口销售收入的调整。

①对于前期用错汇率，多报或者少报出口，导致出口销售收入出现错误的，在本期发现时，须在本期进行如下处理：

根据销售收入调整额：

借：应收账款（或银行存款等科目）（前期少报收入记为蓝字，前期多报收入记为红字）

  贷：主营业务收入（前期少报收入记为蓝字，前期多报收入记为红字）

②对于按会计制度的相关规定准予扣除的保险费、运费和佣金，与原预估入账金额有差额的，须在本期进行如下处理：

根据销售收入调整额：

借：其他应付款（银行存款）（蓝字或红字）

  贷：主营业务收入（蓝字或红字）

（2）对本年度出口货物征税税率、退税率的调整。

对于前期多报或者少报的征税税率、退税率，在本期发现错误的，应该在"出口退税申报系统"用红蓝字调整法对其进行适当调整，根据申报系统汇总计算的"免抵退税不予免征和抵扣税额"、"免抵退税额"、"应退税额"、"免抵税额"等在月末全部入账，不需要对调整的数据作单独的账务处理。

◇ 第4堂 出口退税纳税申报和缴纳

一、出口退税登记的程序

税法规定，企业在办理出口退税登记时需要依照以下程序进行：

1. 有关证件的送验及登记表的领取

在获得工商行政管理部门核发的工商登记和相关部门批准的经营出口产品业务的文件后，企业需在30日内办理出口企业退税登记。

2. 退税登记的申报和受理

在企业领取"出口企业退税登记表"，并按照登记表的要求填写完加盖企业公章与有关人员的印章之后，连同工商登记证明与出口产品经营权批准文件等证明资料一同递交税务机关，经税务机关审核后，再进行受理登记手续。

3. 填发出口退税登记证

接到企业正式申请，税务机关审核无误且按规定程序批准后，核发给企业"出口退税登记证"。

二、办理出口退税的程序

根据《国家税务总局关于印发〈出口货物退（免）税管理办法（试行）〉的通知》国税发〔2005〕5号文件规定：对外贸易经营者按《中华人民共和国对外贸易法》和商务部《对外贸易经营者备案登记办法》的规定办理备案登记后，没有出口经营资格的生产企业委托出口自产货物（含视同自产产品，下同），应分别在备案登记、代理出口协议签订之日起30日内持有关资料，填写《出口货物退（免）税认定表》，到所在地税务机关办理出口退税认定手续。

1. 办理出口退税所需材料

纳税人在办理出口退税时，需持下列材料：

（1）购进出口货物的专用发票（税款抵扣联）、普通发票。申请退税的企业，还要提供由工厂开出并经税务机关、银行签章的《税收（出口产品专用）缴款书》（以下简称"专用税票"）。

（2）出口货物销售的相关账目。主管出口退税的税务机关须对销售相关账目与销售发票等进行详细核实后才能予以确认。

（3）盖有海关验讫章的《出口货物报关单（出口退税联）》。从原则上来说，《出口货物报关单（出口退税联）》应该由企业申请退税时一并报送。但是，对于少数出口口岸分散、出口业务量大或者距离较远难以及时收回报关单的企业，经过主管出口退税税务机关审核证明其从未发生过骗税行为且财务制度健全后，可以推迟3个月提供。若在3个月内仍不能提供的，应该扣回已退（免）税款。

（4）已在外经贸部门办理备案登记并加盖备案登记专用章的《对外贸易经营者备案登记表》原件及复印件，外商投资企业可提供《中华人民共和国台港澳侨投资企业批准证书》或《中华人民共和国外商投资企业批准证书》原件及复印件。

（5）《企业法人营业执照》（副本）原件及复印件。

（6）人民银行基本账户开户证明原件及复印件。

（7）《税务登记证》（副本）原件及复印件。

（8）海关进出口企业代码的有关证明文件原件及复印件。

（9）《一般纳税人资格证》（一般纳税人需提供）原件及复印件。

（10）代理（委托）出口协议原件及复印件。

（11）《中标证明通知书》（无进出口经营权的中标企业用）原件及复印件。

（12）商务部（原对外经贸合作部）批准使用中国政府优惠贷款和合资合作项目基金援外出口的批文（援外出口企业用）原件及复印件。

（13）主管税务机关要求提供的其他资料。

（14）出口收汇单证。企业应该把出口货物的银行收汇单证按月装订成册后进行汇总，以备税务机关核实。每半年，税务机关就要清查一次出口企业已办理退税的出口货物收汇单证。在年度终了后，将企业上一年度的退税出口货物收汇情况进行清算。除按规定不提供出口收汇单的货物之外，只要是应该提供出口收汇单却未提供的，按规定均要退免税款。

（15）下列出口货物可不提供出口收汇单：

①企业在国内采购并运往境外作为在国外投资的货物。

②易货贸易、补偿贸易出口的货物。

③对外承包工程出口的货物。

2. 办理出口退税的流程

（1）有关证件的送验及登记表的领取。企业在获取相关部门批准和得到经营出口产品业务的文件和工商行政管理部门核发的工商登记证明之后，应该在 30 日内向有关部门申请办理出口企业退税登记。

（2）退税登记的申报和受理。企业申领"出口企业退税登记表"之后，要按照登记表所示和相关要求填写，加盖企业公章和相关人员的印章之后，与出口产品经营权批准文件、工商登记证明等证明资料一起报送税务机关，在税务机关审核无误之后，即可受理登记。

（3）填发出口退税登记证。税务机关接受企业申请之后，需按照相关规定办理申请事务，并核发企业"出口退税登记"。

第10天 其他税纳税业务入门知识

◇ 第1堂 个人所得税纳税入门知识

一、个人所得税的概念和特点

个人所得税是对纳税义务人取得的应税所得征收的税。个人所得税最先是在英国创立并实行的，如今世界上已经有很多国家都在开征这一税种。

个人所得税的主要特点如下：

1. 实行分类征收

从世界范围来看，个人所得税大致分为分类所得税制、综合所得税制和混合所得税制三种类型。这三种类型各有所长。我国现行个人所得税采用的是分类所得税制。在这种制度的要求下，个人所得被划分为11类，分别适用不同的费用减除规定、不同的税率和不同的计税方法。

2. 费用扣除额较宽

我国个人所得税按照费用扣除从宽从简的原则，采用费用定额扣除与定率扣除两种方式。

3. 超额累进税率与比例税率并用

比例税率的计算方法较为简便，便于实行源泉扣缴；累进税率能对收入进行合理调配，充分体现公平。我国现行的个人所得税按照个人所得的不同性质与特点，分别采用两种形式的税率，一种是超额累进税率，一种是比例税率。

4. 计税方式多样化

个人所得税因所得实现与核算的不同，实行的计税方法也不同，如：生产经营所得和承包、租赁经营所得按年计征，分月预缴；对工资薪金所得按月计征；

其他各项所得都按次计征，以方便操作与实行。

5. 课源制和申报制两种征纳方法并用

现行个人所得税采用两种征纳方法，即以支付单位源泉、缴纳人自行申报。其中，以支付单位扣缴的源泉征收法为主，也就是说能够在应税所得的支付环节扣缴的，均由支付单位履行代扣代缴义务；以纳税人自行申报缴纳为辅，只有个人在两处以上取得工资、薪金所得或没有扣缴义务人时，才会选择由个人自行申报纳税的方式。这些规定在一定程度上简化了征收手续，节省了缴纳费用与征收成本，不仅利于税务机关的管理，更方便了纳税人。

二、个人所得税纳税人和征税范围

1. 个人所得税纳税人

（1）在中国境内有住所，或无住所而在境内居住满1年，并从中国境内和境外取得个人所得的人。

其中，在中国境内有住所的个人，主要指因为家庭、经济、户籍的关系，而在中国境内习惯性居住的个人。所谓"习惯性居住"，并非指在某一个特定时间段内的居住地或实际居住地，而是指因学习、工作、探亲、旅游等诸多因素在中国境外居住，待其原因消除之后，必须回到中国境内居住的个人，如此，中国即为该纳税人习惯性居住地。

（2）在中国境内无住所又不居住或者无住所而在境内居住不满1年，但从中国境内取得个人所得的人。

所谓在境内居住满一年，就是说在一个纳税年度中在中国境内居住365日。在纳税年度之内临时离境（在一个纳税年度中一次不超过30日或者多次累计不超过90日的离境）的，不扣减天数。

（3）在中国境内取得所得，是指来源于中国境内的所得；从中国境外取得的所得，是指来源于中国境外的所得。下列所得，不管其支付地点是不是在中国境内，都属于来源于中国境内所得：

①从中国境内的公司、企业以及其他经济组织或者个人取得的利息、股息、红利所得。

②转让中国境内的建筑物、土地使用权等财产或者在中国境内转让其他财产取得的所得。

③将财产出租给承租人在中国境内使用而取得的所得。

④许可各种特许权在中国境内使用而取得的所得。

⑤因任职、受雇、履约等在中国境内提供劳务取得的所得。

2. 个人所得税纳税范围

（1）工资、薪金所得。工资、薪金所得指个人在企事业单位、社会团体或其他部门，因为任职、受雇而取得的工资、薪金、奖金、年终加薪、劳动分红、津贴、补贴以及与任职或受雇有关的其他所得。

（2）个体工商户的生产、经营所得。个体工商户的生产、经营所得主要包括以下几方面的内容：

①在工商行政管理部门的批准下开业并且获得营业执照的个体工商户从事建筑业、服务业、手工业、交通运输业、工业、商业、餐饮业、修理业及其他行业的生产、经营取得的所得。

②在政府相关部门的批准下获得营业执照的个人从事办学、医疗、咨询以及其他有偿服务活动取得的所得。

③上述个体工商户和个人取得的生产、经营有关的各项应税所得。

④其他个人从事个体工商业生产、经营取得的所得，即个人临时从事生产、经营活动取得的所得。

（3）对企事业单位的承包经营、承租经营所得。对企事业单位的承包经营、承租经营所得指个人承包经营、承租经营或转包、转租取得的所得，其中还包括个人按月或者按次取得薪金性质的所得。

（4）劳务报酬所得。劳务报酬所得指个人从事设计、安装、制图、医疗、法律、装潢、测试、咨询、讲学、新闻、广播、会计、雕刻、影视、审稿、书画、录像、演出、录音、经济服务、化验、翻译、表演、广告、展览、代办服务、技术服务、介绍服务以及其他劳务取得的所得。

（5）稿酬所得。稿酬所得指个人因作品通过图书、报纸等形式发表、出版而取得的所得。其中，"作品"主要包括中外文字、图片、乐谱等能以图书、报刊方式出版、发表的作品。

（6）特许权使用费所得。特许权使用费所得指个人提供著作权、商标权、专利权、非专利技术以及其他特许权的使用权取得的所得。这里所说的"提供著作权的使用权取得的所得"，并不包括稿酬所得。作者将自己文字作品手稿原件或复印件拍卖取得的所得，依照特许权使用费所得项目计征税费。

（7）利息、股息、红利所得。利息、股息、红利所得是指个人拥有债权、股权而取得的利息、股息、红利所得。

①利息指个人的货款利息、存款利息（国家宣布2008年10月8日次日开始取消利息税）和购买各种债券的利息。

②股息指按照一定的比例对每股发给的息金。

③红利是根据公司、企业应分配的，超过股息部分的利润，按股派发的红股。

（8）财产租赁所得。财产租赁所得，是指个人出租建筑物、土地使用权、机器设备车船以及其他财产取得的所得。财产包括动产和不动产。

（9）财产转让所得。财产转让所得指个人将股权、建筑物、机器设备、有价证券、土地使用权、车船以及其他自有财产转让给其他单位或个人而取得的所得，其中包括转让动产或不动产。

（10）偶然所得。偶然所得指个人得奖、中奖、仲裁以及其他偶然性质的所得。

（11）其他所得。除上述应税所得，其他所得应确定征税的，由国务院财政部门确定，国务院财政部门主要是指财政部和国家税务总局。截至1997年4月30日，财政部和国家税务总局确定征税的其他所得项目有：

（1）股民个人因证券公司招揽大户股民在本公司开户交易，从取得的交易手续费中支付部分金额给大户股民而取得的回扣收入或交易手续费返还收入。

（2）个人取得由银行部门以超过国家规定利率和保值贴补率支付的揽储奖金。

（3）个人为单位或者他人提供担保获得报酬。

（4）对保险公司按投保金额，以银行同期储蓄存款利率支付给在保期内未出险的人寿保险户的利息（或以其他名义支付的类似收入）。

（5）个人取得部分单位和部门在年终总结、各种庆典、业务往来及其他活动中，为其他单位和部门的有关人员发放现金、实物或有价证券。

（6）个人因任职单位缴纳有关保险费用而取得的无偿款优待收入。

（7）辞职风险金。

个人取得的所得，若难以界定是哪一项应税所得项目，由主管税务机关审查确定。

三、个人所得税的起征点和税率

2011年4月20日，十一届全国人大常委会第二十次会议召开，会议通过了个人所得税的起征点，规定个人所得税免征额拟调至3500元。2014年个人所得税起征点依然是3500元。

本次新修订的《中华人民共和国个人所得税法》根据个人所得税依照征收税目的不同，规定了三种不同的税率：

（1）工资、薪金所得，适用超额累进税率，税率为3%至45%。

（2）个体工商户的生产、经营所得和对企事业单位的承包经营、承租经营所得，适用5%至35%的超额累进税率。

（3）稿酬所得，适用比例税率，税率为20%，并按应纳税额减征30%。

（4）劳务报酬所得，适用比例税率，税率为20%。对劳务报酬所得一次收入畸高的，可以实行加成征收，具体办法由国务院规定。

（5）特许权使用费所得，利息、股息、红利所得，财产租赁所得，财产转让所得，偶然所得和其他所得，适用比例税率，税率为20%。

四、工资、薪金所得税额的计算

1. 基本规定与应纳税额计算

工资、薪金所得一般实行按月计征的方式。因此，工资、薪金所得以个人的每月收入所得除去3500元（或再附加减除1300元）之后的差额作为应纳税所得额。其计算公式如下：

应纳税所得额 = 月工资、薪金收入 − 3500元（或4800元）

任何地区、部门或单位在没有经过全国人大及其常委会授权时，都不能擅自提高个人所得税扣除标准，不能超越权限或任意改变扩大不征税项目的适用范围。对此，《税收征管法》有相关规定，对于一些地方违反规定，擅自扩大不征税项目适用范围与提高个人所得税扣除标准的规定，各级税务机关均不能执行，已经执行的须予以相应的纠正。

据相关规定，工资、薪金所得主要适用七级超额累进税率，依照每月收入总额扣除3500元或4800元后的费用作为应纳税所得额。其计算公式为：

应纳税额 = 应纳税所得额 × 适用税率 − 速算扣除数 =（每月收入额 − 3500元

或 4800 元)×适用税率 - 速算扣除数

表 10-1　工资、薪金所得额税率表

级数	全月应纳税所得额	税率（%）	速算扣除数（元）
1	不超过 1500 元的	3	0
2	超过 1500~4500 元的部分	10	105
3	超过 4500~9000 元的部分	20	555
4	超过 9000~35000 元的部分	25	1005
5	超过 35000~55000 元的部分	30	2755
6	超过 55000~80000 元的部分	35	5505
7	超过 80000 元的部分	45	13505

注：表中所称的全月应纳税所得额是指依照《中华人民共和国个人所得税法》第六条的规定，以每月收入额减除费用 3500 元以及附加减除费用后的余额。

因为个人所得税适用税率中的各级距的应纳税所得额均为扣除之后的费用，所以，不可以用每月的全部工资、薪金所得作为确定适用税率的依据，而只可以以扣除规定费用之后的差额作为依据，找到对应的级次税率。

2. 特殊规定与应纳税额计算

（1）附加减除费用的适用范围与计算公式。

《个人所得税法》规定，工资、薪金所得的普遍适用减除标准是每月 3500 元。但是，对于在中国境内有住所而在中国境外取得工资、薪金所得的纳税义务人和在中国境内无住所而在中国境内取得工资、薪金所得的纳税义务人而言，税法根据个人的平均收入及汇率的变化，确定每月再附加减除 1300 元后的费用作为应纳税所得额。其计算公式为：

应纳税所得额 = 月工资、薪金收入 - 3500 元 - 1300 元

附加减除费用所适用的具体范围如下：

①在中国境内的事业单位、社会团体、国家机关中工作的外籍专家。

②中国境内的在外国企业或外商投资企业中工作的外籍人员。

③在中国境内居住而在中国境外受雇或任职取得工资、薪金所得的个人。

④财政部规定的其他人员。

⑤华侨和香港、澳门、台湾同胞。

（2）单位为纳税人负担税款的计算公式。

应纳税额 = 应纳税所得额 × 税率 - 速算扣除数 = [(不含税工资、薪金所得 -

费用－速算扣除数)÷(1－税率)]×税率－速算扣除数

3. 全年一次性奖金的计税规定

所谓全年一次性奖金，是指企事业单位、行政机关等扣缴义务人依据全年效益和对雇员全年工作业绩的综合考核情况，给予雇员的一次性奖金。它主要包括实行年薪制和绩效工资办法的单位根据考核情况兑现的年薪与绩效工资、年终加薪等。

纳税人取得全年一次性奖金，单位需作为一个月的工资、薪金所得计算纳税，自2005年1月1日起依照下面的方式计税：

(1) 将雇员个人当月取得的全年一次性奖金除以12个月，以其商数作为确定适用税率和速算扣除数的依据。

如果在发放年终一次性奖金的当月，雇员当月工资、薪金所得比税法规定的费用扣除额低，应将全年一次性奖金减除"雇员当月工资、薪金所得与费用扣除额差额"之后的余额，依照上面的方式确定全年一次性奖金的适用税率和速算扣除数。

(2) 将雇员当月取得的全年一次性奖金，按上述第(1)项确定的适用税率与速算扣除数计算征税。其计算公式如下：

①若雇员当月工资、薪金所得大于或等于税法规定的费用扣除额，其计算公式为：

应纳税额＝雇员当月取得全年一次性奖金×适用税率－速算扣除数

②若雇员当月工资、薪金所得小于税法规定的费用扣除额，其计算公式为：

应纳税额＝(雇员当月取得全年一次性奖金－雇员当月工资、薪金所得与费用扣除额的差额)×适用税率－速算扣除数

(3) 在一个纳税年度之内，该计税方法对每一个纳税人只允许使用一次。

(4) 实行绩效与年薪制工资的单位，个人取得年终兑现的绩效与年薪工资按照上述第(2)、第(3)项规定执行。

(5) 雇员取得除全年一次性奖金之外的季度奖、半年奖、先进奖、加班奖、考勤奖或其他各种奖金，一律与当月的工资、薪金合并按照税法规定缴纳个人所得税。

4. 个人取得不含税全年一次性奖金的计税规定

(1) 在个人取得不含税的全年一次性奖金后，首先需将不含税的全年一次性

奖金转算为含税的全年一次性奖金。其具体计算方法为：

①用不含税的全年一次性奖金除以 12 后再找出相应的适用税率 A 和速算扣除数 A。

②含税的全年一次性奖金收入 =（不含税的全年一次性奖金收入 – 速算扣除数 A）÷（1 – 适用税率 A）

③按照含税的全年一次性奖金收入除以 12 后再找出相应的适用税率 B 和速算扣除数 B。

④应纳税额 = 含税的全年性一次性奖金收入 × 适用税率 B – 速算扣除数 B

（2）若纳税人取得不含税全年一次性奖金收入的当月工资、薪金所得比税法规定的费用扣除额低，应当先将不含税全年一次性奖金减去当月工资、薪金所得低于税法规定费用扣除额的差额之后再按上述方法加以处理。

（3）根据个人所得税与企业所得税的相关规定，企业所得税的纳税人、个人独自和合伙企业、个体工商户为个人支付的个人所得税款，不可以在所得税前给予扣除。

五、个体工商户的生产、经营所得税额计算

个体工商户的生产、经营所得应纳税额的计算公式为：

应纳税额 = 应纳税所得额 × 适用税率 – 速算扣除数 =（全年收入总额 – 成本、费用以及损失）× 适用税率 – 速算扣除数

表 10-2 对企事业单位承包经营、承租经营所得适用税率表

级数	全年应纳税所得额	税率（%）	速算扣除数
1	不超过 15000 元的	5	0
2	超过 15000~30000 元的部分	10	750
3	超过 30000~60000 元的部分	20	3750
4	超过 60000~100000 元的部分	30	9750
5	超过 100000 元的部分	35	14750

注：本表所称全年应纳税所得额是指依照《中华人民共和国个人所得税法》第六条的规定，以每一纳税年度的收入总额减除成本、费用以及损失后的金额。

因为个体工商户生产、经营所得的应纳税额一般是分年、分月、分季计算、预缴，或是年终汇算清缴，又或多退少补，因此，在现实工作中，须分别计算按月预缴税额和年终汇算清缴税额。其计算公式为：

本月应预缴税额＝本月累计应纳税所得额×适用税率－速算扣除数－上月累计已预缴税额

公式中提及的"适用税率"，指的是与计算应纳税额的月份累计应纳税所得对应的税率，该税率可以从五级超额累进所得税税率表（年换算月）中查找确定。

汇算清缴税额＝全年应纳税额－全年累计已预缴税额＝全年应纳税所得额×适用税率－速算扣除数－全年累计已预缴税额

六、个人独资企业和合伙企业投资者生产、经营所得税额计算

个人独资企业和合伙企业投资者生产、经营所得税额的计算与征税主要有以下两种方式：

1. 查账征收

查账征收，指在规定的纳税期限内，纳税人根据自身的经营状况与财务账簿记录，向税务机关申报收入额或纳税所得额，申报完成须等待纳税机关审核，核定缴纳税款的征收方式。这种征收方式主要适用于财务核算制度较为健全，可据实核算，明确反映自身经营状况的纳税人。

（1）投资者应纳税额的计算公式为：

应纳税额＝应纳税所得额×税率－速算扣除数＝（收入总额－成本、费用及损失）×分配比例×税率－速算扣除数

（2）个人独资合伙企业实行查账方式的，投资者生产经营所得比照"个体工商户生产经营所得"应税项目计征个人所得税，适用5%~35%的五级超额累进税率（见表10-2）。

2. 核定征收

（1）核定征收的范围。纳税人具备以下某一种情形的，主管纳税机关均应采取核定征收方式征收个人所得税：

①依照国家相关规定，企业应设但未设账簿的。

②企业虽设置账簿但账目混乱，难以查账的。

③纳税人虽发生相应的纳税义务却未按照规定办理纳税申报，经税务机关责令限期申报，期限截止但仍不申报的。

（2）核定征收方式。定期定额是指根据税法规定和纳税人具体情况，主管税务机关在一定的纳税期限内核对征收固定税额的一种税款征收方式。其计算公式

如下：

应纳税所得税额＝应纳税所得额×适用税率或成本费用支出额÷(1－应税所得率)×应税所得率

各行业的应税所得率见表7-2。

企业经营多业的，不管其经营项目是不是单独进行核算，都应该按照其主营项目确定其适用的应税所得率。

七、对企业、事业单位的承包经营、承租经营所得税额计算

1. 基本规定与应纳税额计算

（1）应纳税所得额。应纳税所得额，是指对企业、事业单位的承包经营、承租经营所得的以每一纳税年度的收入总额减除必要费用之后的金额。其中，收入总额包括纳税人按照承包经营、承包经营合同规定分得的经营利润及工资、薪金所得。个人的承包、承租经营所得，不仅有生产、经营性质，还有工资、薪金性质，但因为个人按照承包、承租经营合同规定分到的是已扣除的经营利润所涉及的生产、经营成本费用，所以税法规定，"减除必要费用"指的是按月减除3500元。其计算公式为：

应纳税所得额＝个人承包、承租经营收入总额－每月3500元

依照企业所得税的相关规定，个人在承包经营、承租经营期间，凡承租经营之后，改变被承租企业名称后依然以被承租企业名义从事生产经营活动的，不管被承租企业与承租方的经营成果如何分配，都要以被承租企业作为纳税义务人。换句话说，就是按照规定先缴企业所得税，后才按个人承包所得的规定计算缴纳个人所得税。

（2）应纳税额的计算公式为：

应纳税额＝应纳税所得额×适用税率－速算扣除数

2. 医生承包、承租经营医疗机构取得所得的计税规定

医生或其他个人承包、承租经营医疗机构，其经营成果归承包人所有的，承包人取得的所得，须遵照"对企事业单位的承包经营、承租经营所得"的应税项目计算、征收个人所得税。

3. 承包、承租客运车辆的计税规定

对出租车司机采取单车承包或承租方式运营的出租汽车经营单位，其经营的

实质为内部生产经营责任制，其出租车司机取得的收入，依照工薪、薪金的方式计征个人所得税。

从事个体出租车运营的出租车司机取得的收入，须按照个体工商户的生产、经营所得计征个人所得税。

出租车属于个人的，出租汽车经营单位将出租车的所有权转移给出租车司机的，或车辆挂靠在出租汽车经营单位的，出租车司机取得的收入须按照个体工商户的生产、经营所得计征个人所得税。

八、个人所得税的纳税地点和期限

根据现行税法的相关规定，个人所得税的纳税方式主要为自行申报纳税与代扣代缴申报纳税。因纳税人选择不同的纳税方式，所以其纳税申报的具体情况也有所不同。

1. 自行申报纳税

（1）自行申报纳税的纳税期限。

①对于工资、薪金所得应纳的税款采用按月计征的方式，由纳税人或扣缴义务人在次月7日内缴入国库，并且向税务机关送交纳税申报表。对于特定行业的工资、薪金所得应纳的税额可实行按年计算、分月预缴的方式计征，其具体方法由国务院规定。

②对于个体工商户的生产、经营所得应纳的税款采用按年计算、分月预缴的计征方式，由纳税人在次月7日内预缴，年度终了之后的3个月内汇算清缴，多退少补。

③对于企事业单位的承包经营、承租经营所得应纳的税款采用按年计算的计征方式，由纳税人在年度终了后30日内缴入国库，并且向税务机关送交纳税申报表。在一年内分次取得承包经营、承租经营所得的纳税人应该在取得每次所得后的7日内预缴税款，年度终了之后的3个月内汇算清缴，多退少补。

④从中国境外取得所得的纳税人，应当在年度终了后30日内将应纳的税款缴入国库，并且向税务机关送交纳税申报表。

⑤年所得12万元以上的纳税人，在年度终了后3个月内到税务机关办理纳税申报。

（2）自行申报的申报地点。

①年所得12万元以上纳税人的纳税申报地点。

a. 纳税人在中国境内有受雇、任职单位的，向受雇、任职单位的所在地主管税务机关申请纳税。

b. 纳税人在中国境内有多余两处（含）受雇、任职单位的，选择其中一处单位所在地主管税务机关申请纳税。

c. 在中国境内无受雇、任职单位的，年所得项目中有企事业单位的承包经营、承租经营所得或个体工商户的生产、经营所得的，向其中一处实际经营所在地主管税务机关申请纳税。

d. 在中国境内无受雇、任职单位，年所得项目中无承包经营、承租经营所得的，可申请向户籍所在地主管税务机关纳税。在中国境内有户籍，但户籍所在地与中国境内的居住地不一致的，固定向其中一处的主管税务机关申请纳税。在中国境内没有户籍的，向中国境内经常居住地主管税务机关申请纳税。

②其他所得纳税人的纳税申报地点。

a. 从两处以上（含）取得工资、薪金所得的，选择一处单位所在地主管税务机关申请纳税。

b. 从中国境内取得所得的，须向中国境内户籍所在地主管税务机关申请纳税。在中国境内有户籍，但户籍所在地与中国境内的居住地不一致的，固定向其中一处的主管税务机关申报。在中国境内没有户籍的，向中国境内经常居住地主管税务机关申请纳税。

c. 个人独资、合伙企业投资者兴办两个以上（含）企业的，须根据具体情况的不同确定纳税申报地点：兴办的企业中含有合伙性质的，向经常居住地主管税务机关申请纳税；兴办企业都是个人独资性质的，分别向各企业的实际经营管理所在地主管税务机关申请纳税；兴办的企业中含有合伙性质，个人投资者经常居住地与其兴办企业的经营管理所在地不一致的，选择并固定向其参与兴办的某一合伙企业的经营管理所在地主管税务机关申请纳税。

d. 个体工商户向实际经营所在地主管税务机关申请纳税。

e. 以上情形之外的，纳税人应该向取得所得的所在地主管税务机关申请纳税。

2. 代扣代缴申报纳税

扣缴义务人每月扣除税款，自行申报纳税人每月应缴纳税款，都应该在次月

5日内缴入国库，并且向税务机关申请纳税，并递交纳税申报表。

对于工资、薪金所得应纳的税款采用按月计征的纳税方式的扣缴义务人或纳税义务人需要在次月15日内缴入国库，且向税务机关申请纳税，并递交纳税申报表。对于特定行业的工资、薪金所得应纳的税额实行按年计算、分月预缴的计征方式的扣缴义务人或纳税义务人，在申报纳税时，需按照国务院的相关规定做出选择。

◇ 第2堂 印花税纳税入门知识

一、印花税的概念和特点

印花税是对经济交往和经济活动中书立、使用、领受具备一定法律效力凭证的单位或个人征收的一种税。其特点主要表现在以下几方面：

1. 兼有凭证税和行为税性质

印花税具备凭证税性质，而对凭证征税，实际上是对经济行为的课税。

2. 征税范围广泛

印花税的征税对象是中华人民共和国境内书立、领受应税凭证的单位和个人，其征税范围极其广泛。此外，随着市场经济的飞速发展与经济法制的逐渐完善，依法书立经济凭证的现象也会变得越来越普遍。到那时，印花税的征收范围也会更加广阔。

3. 税率低、税负轻

与其他税种相比，印花税的税率较低，税负较轻，具有广集资金、积少成多的财政效应。

4. 纳税人自行完成纳税义务

通过自行计算、购买并粘贴印花税票的方法，纳税人自行完成纳税义务，并且在印花税票以及凭证上盖戳注销或划销。而这也是与其他税种的缴纳方法所存在的最大区别。

二、印花税纳税人和征税范围

印花税的纳税人是在中华人民共和国的境内书立、使用、领受印花税暂行条例所列举凭证的单位和个人。其所规定的单位和个人，是指国内各类事业、机关、团体、企业、部队，以及合作企业、外国公司、外资企业、中外合资企业和在华机构等单位和个人。

上述单位和个人按照书立、使用、领受应税凭证的不同，可具体分为立合同人、立据人、立账簿人、领受人和使用人五种。

1. 立合同人

立合同人，指对凭证有直接权利义务关系的单位和个人，即合同的当事人，但并不将担保人、证人、鉴定人等包括在内。各类合同的纳税人是立合同人，而当事人的代理人享有代理纳税的义务。

2. 立据人

立据人，指产权转移书据的纳税人。

3. 立账簿人

立账簿人，指设立并使用营业账簿的单位和个人。

4. 领受人

领受人就是权利、许可证照的纳税人。

5. 使用人

在国外书立、领受，但在国内使用的应税凭证，其纳税人是使用人。

同一凭证，由两方或者双方以上的当事人签订且各执一份，其当事人各方均是纳税人，应当由各方所持一份各自全额贴花。

在这里还需说明的是，现行的印花税仅仅对《印花税暂行条例》所列举出的凭证征收，否则不征收。其具体征税范围如下：

1. 经济合同

税目税率表中列举了10大类合同。它们是：

（1）购销合同。

（2）加工承揽合同。

（3）建设工程勘察设计合同。

（4）建筑安装工程承包合同。

（5）财产保险合同。

（6）货物运输合同。

（7）仓储保管合同。

(8) 借款合同。

(9) 财产租赁合同。

(10) 技术合同。

2. 产权转移书据

财产权利关系的变更行为就是产权转移，其具体表现是产权主体的变更。产权转移书据是在产权赠与、交换、买卖、继承、分割等主体变更的过程中，由产权出让人与受让人之间签订的民事法律文书。

在我国，印花税税目中的产权转移书据包括版权、专利权、商标专用权、财产所有权、专有技术使用权等5项产权的转移书据。另外，土地使用权转让合同、土地使用权出让合同、商品房销售合同同样需要按照产权转移书据计征印花税。

3. 营业账簿

按照营业账簿所反映内容的不同，在税目中分为记载资金的账簿和其他营业账簿两类，以分别采用按金额计税、按件计税的计税方法。

三、印花税的税率

印花税的税率遵循税负从轻、共同负担的原则制定完成，所以，税率相对较低。印花税税率的存在形式有两种，一种是比例税率，另一种是定额税率。

印花税税目税率如表10-3所示。

表10-3 印花税税目税率表

序号	税目	范围	税率	纳税人
1	购销合同	包括供应、预购、采购、购销、结合及协作、调剂等合同	按购销金额0.3‰贴花	立合同人
2	加工承揽合同	包括加工、定做、修缮、修理、印刷广告、测绘、测试等合同	按加工或承揽收入0.5‰贴花	立合同人
3	建设工程勘察设计合同	包括勘察、设计合同	按收取费用0.5‰贴花	立合同人
4	建筑安装工程承包合同	包括建筑、安装工程承包合同	按承包金额0.3‰贴花	立合同人
5	财产租赁合同	包括租赁房屋、船舶、飞机、机动车辆、机械、器具、设备等合同	按租赁金额1‰贴花。税额不足1元，按1元贴花	立合同人
6	货物运输合同	包括民用航空运输、铁路运输、海上运输、联运合同	按运输费用0.5‰贴花	立合同人

续表

序号	税目	范围	税率	纳税人
7	仓储保管合同	包括仓储、保管合同	按仓储保管费用1‰贴花	立合同人
8	借款合同	银行及其他金融组织和借款人	按借款金额0.05‰贴花	立合同人
9	财产保险合同	包括财产、责任、保证、信用等保险合同	按保险费收入1‰贴花	立合同人
10	技术合同	包括技术开发、转让、咨询、服务等合同	按所载金额0.3‰贴花	立合同人
11	产权转移书据	包括财产所有权、版权、商标专用权、专利权、专有技术使用权、土地使用权出让合同、商品房销售合同等	按所载金额0.5‰贴花	立据人
12	营业账簿	生产、经营用账册	记载资金的账簿，按实收资本和资本公积的合计金额0.5‰贴花 其他账簿按件计税5元/件	立账簿人
13	权利、许可证照	包括政府部门发给的房屋产权证、工商营业执照、商标注册证、专利证、土地使用证	按件贴花5元	领受人

四、印花税纳税时间、地点和计算方法

1. 印花税的纳税时间

印花税纳税义务发生时间，是在应税凭证的书立、领受时，换句话说，就是在合同签订时、营业账簿启用时、书据立据时和权利、许可证照受领时。如果合同在外国签订且不便在外国贴花的，须在将合同带入境的时候办理相关的纳税手续。

此外，若两单位之间于2013年1月1日签署了一份房屋租赁合同，规定租赁期是2013年2月1日至2014年底。那么，这份租赁合同的纳税期应在1月1日书立合同时，而不能延至2月1日合同正式生效时再行纳税。

2. 印花税的纳税地点

一般情况下，印花税是就地纳税的。对于全国性的商品物资订货会（例如展销会、交易会等）上签订的应纳印花税的合同，应该由纳税人回到其所在地之后立即办理贴花完税手续；对地方主办不涉及省级关系的订货会、展销会上所签订合同的印花税，其纳税地点由各省、自治区、直辖市人民政府自行确定。

3. 印花税应纳税额的计算方法

印花税应纳税额的计算方法主要有两种，分别是比例税率与定额税率。

（1）按比例税率计算：

应纳税额＝应税凭证计税金额×适用税率

（2）按定额税率计算：

应纳税额＝应税凭证件数×单位税额

五、印花税纳税的申报程序和方法

1. 印花税纳税申报

印花税的纳税单位在贴花完税后，将本季度应税凭证的完税情况填写印花税纳税申报表（见表10-4），包括大额缴款、汇总缴纳，于每季度终了后10日之内向所在地的税务机关申报。机关、部队、学校、团体等只办理注册税务登记的，一个纳税年度内申报一次。

表10-4 印花税纳税申报表

税款所属日期 年 月 日至 年 月 日
税务计算机代码： 单位： 元（列至角分）

单位名称					
税目		份数	计税金额	税率	已纳税额
购销合同				0.3‰	
加工承揽合同				0.5‰	
建设工程勘察设计合同				0.5‰	
建筑安装工程承包合同				0.3‰	
财产保险合同				1‰	
货物运输合同				0.5‰	
仓储保管合同				1‰	
借款合同				0.05‰	
财产租赁合同				1‰	
技术合同				0.3‰	
产权转移书据				0.5‰	
账簿	资金账簿			0.5‰	
	其他账簿	件		5元	
权利许可证照		件		5元	

续表

单位名称				
税目	份数	计税金额	税率	已纳税额
其他				
合计				

根据印花税暂行条例规定应缴纳印花税的凭证在书立和领受时贴花完整，我单位应纳税凭证均已按规定缴纳，本报表中已纳税额栏填写数字与应纳税额是一致的。

经办人（章）：

登记申报单位 （盖章）	企业财务负责人 （盖章）	税务机关受理申报日期 受理人（章） 年 月 日

与营业税的申报方式相似，印花税申报时也需要填写《税收纳税申报表》，按照相应的税目选择税率计税。账本的印花税票须在当地税务机关购买贴花贴在账本上。

2. 印花税的缴纳方法

印花税根据税额大小、税收征收管理、贴花次数等的不同，其缴纳方式也有所不同，主要分为以下三种：

（1）自行贴花的办法。自行贴花的办法所适用的纳税人是贴花次数较少或应税凭证较少的。

印花税票应该粘在应税凭证上，并由纳税人在每一枚税票的骑缝处划销或注销。对于有印章的纳税人来说，只需加印盖章即可；对于没有印章的纳税人来说，可以用钢笔或圆珠笔画几条横线表示注销。注销标记需要与骑缝相交。对此，对于已贴花的凭证，在修改之后所载金额增加的，其增加部分应当补贴印花税额。多贴印花税票的纳税人，不能申请抵用或退税。

（2）委托代征办法。所谓委托代征办法，就是指在纳税机关的委托下，经发放或办理应纳税额凭证的单位代征印花税。税务机关和代征机关签订代征委托书，需要依照代售金额5%的比例支付代征手续费。

（3）汇贴或汇缴的办法。汇贴或汇缴办法所适用的纳税人是贴花次数频繁或应纳税额较大的。

汇贴是指应纳税额超过500元的，应当向当地税务机关申请填写缴款书，并将其中的一联粘在凭证上或由税务机关在凭证上加注完税标记代替贴花。

汇缴是指需频繁贴花的同一种类应纳税凭证，纳税人可根据自身情况自行决定是不是采取按期汇总缴纳印花税的方式。对核准汇总缴纳印花税的单位，税务机关应给予其汇缴许可证，并加注指定的汇缴戳记、编号装订成册，然后将已贴印花的一联粘附册后，盖章注销，保存备查。

六、印花税的税收优惠

根据国家相关规定，印花税享有一定的免税政策，其税收优惠主要体现在以下几个方面。

1. 企业改制过程中有关印花税免征规定

（1）股权分置改革转让的印花税。在股份分置改革过程中，非流通股股东向流通股股东在支付对价时产生的股权转让，免征印花税。

（2）产权转移书据的印花税。企业因改制签订的产权转移书据，免予贴花。

2. 常见的免税合同、书据、立本

据《印花税暂行条例》及《印花税暂行条例实施细则》的相关规定，下列凭证免纳印花税：

（1）已经缴纳印花税的凭证抄本或副本。因为这种抄本或副本不是正式文本，并不具备法律效力，所以不征收印花税。但抄本或副本作为正本使用的，要另行贴花。

（2）财产所有人将财产赠给社会福利单位、政府、学校所立下的书据。其中，社会福利单位专指扶养孤老伤残的单位。

（3）国家规定的专门的收购合同，如收购部门与村民委员会、农民个人书立的农副产品收购合同。

（4）房地产管理部门或个人订立的用于生活居住的租房合同。

（5）无息、贴息贷款合同。

（6）国际金融组织或外国政府向中国国家金融机构或中国政府提供优惠贷款所书立的合同。

（7）农林作物、牧业畜类保险合同。

（8）对某些特殊的货运凭证免税，这些凭证包括：

①抢险救灾物资运输结算凭证。

②附有军事运输命令的结算凭证。

③为新建铁路运输施工所需物料，使用工程临管线专用运费结算凭证。

④使用专用的军事物资运费结算凭证。

(9) 对国家石油储备基地第一期项目工程过程中涉及的款额免征印花税。

3. 投资基金缴纳印花税的相关优惠政策

(1) 证券投资者保护基金。根据财税〔2006〕104号，证券投资者保护基金相关免征印花税的优惠政策主要包括：

①对保护基金公司以保护基金自由财产和接受的受偿资产与保险公司签订的财产保险合同。

②对保护基金公司新设立的资金账簿。

③对保护基金公司与中国人民银行签订的再贷款合同、与证券公司行政清算机构签订的借款合同。

④对保护基金公司接收被处置证券公司财产签订的产权转移书据。

⑤对与保护基金公司签订的上述应税合同或产权转移书据的其他当事人照章征收印花税。

(2) 封闭式基金。为了我国证券市场的发展，从2003年1月1日起对投资者（包括个人和机构）买卖封闭式证券投资基金免征印花税。

◇ 第3堂　车船税纳税入门知识

一、车船税的概念和征收意义

车船税是指对拥有并使用车船的单位或个人征收的一种财产税。它的征税对象是在我国境内办理登记的车辆和船舶。国务院于2012年1月1日实施了《中华人民共和国车船税法实施条例》，该条例规定有车一族需在投保"交强险"时缴纳车船税。

那么，制定此项税目的意义何在呢？

国家之所以制定此项税目，是因为自改革开放以来，我国的交通运输业发展迅速，运输紧张的状况得到了很大程度的缓解，但是矛盾依然存在。伴随着经济的起飞，社会所拥有的车辆越来越多，开征车船税，可以从车船拥有者手中集中部分资金，增加财政收入，并缓解运输压力。

毋庸置疑的是，实行车船税多年以来，的确在某种程度上缓解了越来越严重的运输压力，提高了车船的使用效率。也正是因为如此，车船税才会一直延续至今。

二、车船税纳税人和征税范围

根据《车船税法实施条例》的相关规定，在中华人民共和国境内的车辆、船舶的拥有者或使用者被认为是车船税的纳税人，需要缴纳车船税。

一般情况下，拥有并使用车船的单位或个人是统一的，纳税人不仅是车船的拥有人，还是车船的使用人。若有租赁关系，导致拥有人与使用人不是同一人时，那么车辆拥有人未缴纳车船税的，使用人应该代为缴纳。

此外，车船税的征税范围同样至关重要。一般情况下，车船税的征税对象是依法应当在我国车船管理部门登记的车船（除规定减免的车船外）。其主要包括：

1. 车辆

车辆，包括机动车辆与非机动车辆两大类。机动车辆指以燃油、电力等作为动力能源运行的车辆，例如拖拉机、汽车、无轨电车等；非机动车辆指以人力、畜力等作为能源运行的车辆，例如自行车、三轮车、畜力驾驶车等。

2. 船舶

船舶，包括机动船舶与非机动船舶两大类。机动船舶指以燃料等作为动力能源运行的船舶，例如客轮、气垫船、货船等；非机动船舶指以人力或者其他力量作为能源运行的船舶，例如帆船、木船、舢板等。

三、车船税的税率

车船税所实行的是定额税率，这种税率的计算方法简单、便捷，是适用于从量计征的税种。一般情况下，车船税的适用税额按照条例所附的《车船税税目税额表》中对于车船税税额的规定确定（如表10-5所示）。

四、车船税纳税时间、地点、期限和计算方法

1. 车船税的纳税时间

（1）车船税的纳税义务发生时间为车船管理部门合法的车船登记证书或者行驶证书所记载日期的当月。

（2）已向交通航运管理机关报废的车船，当年不发生车船税的纳税义务。

表 10-5 车船税税目税额表

税目		计税单位	年基准税额	备注
乘用车（按发动机汽缸容量（排气量）分档）	1.0升（含）以下的	每辆	60~360元	核定载客人数9人（含）以下
	1.0升以上至1.6升（含）的		300~540元	
	1.6升以上至2.0升（含）的		360~660元	
	2.0升以上至2.5升（含）的		660~1200元	
	2.5升以上至3.0升（含）的		1200~2400元	
	3.0升以上至4.0升（含）的		2400~3600元	
	4.0升（含）以上的		3600~5400元	
商用车	客车	每辆	480~1440元	核定载客人数9人以上，包括电车
	货车	装备质量每吨	16~120元	包括半挂牵引车、三轮汽车和低速载货汽车等
挂车		装备质量每吨	按照货车税额的50%计算	
摩托车		每辆	36~180元	
其他车辆	专用作业车	装备质量每吨	16~120元	不包括拖拉机
	轮式专用机械车		16~120元	
船舶	机动船舶	净吨位每吨	3~6元	拖船、非机动船舶分别按照机动船舶税额的50%计算
	游艇	艇身长度每米	600~2000元	

2. 车船税的纳税地点

车船税的纳税地点是车船的登记地或者车船税扣缴义务人所在地。依法不需办理登记的车船，车船税的纳税地点为车船的所有人或者管理人所在地。从事机动车第三者责任强制保险业务的机构为机动车车船税的扣缴义务人，应当在收取保险费时依法代收车船税，并出具代收税款凭证。

3. 车船税的纳税期限

车船税按年申报缴纳，其具体的申报期限由省、自治区、直辖市人民政府确定。

4. 车船税应纳税额的计算方法

车船税应纳税额的计算公式为：

机动船和载货汽车的应纳税额 = 净吨位数 × 适用单位税额

非机动船的应纳税额 = 载重吨位数 × 适用单位税额

除载货汽车以外的机动车与非机动车的应纳税额 = 车辆数 × 适用单位税额

机动车挂车应纳税额＝挂车净吨位×（载货汽车净吨位年税额×70%）

从事运输业务的拖拉机应纳税额＝所挂拖车的净吨位×（载货汽车净吨位年税额×50%）

客货两用汽车应纳税额分两步计算：

乘人部分＝辆数×（适用乘人汽车税额×50%）

载货部分＝净吨位×适用税率

五、车船税的申报程序和方法

1. 车船税的申报所需材料

根据国家的相关规定，纳税人在申报纳税时需要附送以下资料：

（1）对于2012年1月1日已经登记车船底册资料的纳税人来说，需提供的资料有：

①车辆行驶证、船舶登记证书原件或复印件。

②单位纳税人需提供纳税申报表。

（2）对于2012年1月1日之后没有登记车船底册资料的纳税人来说，需提供的资料有：

①车船登记证书原件及复印件。

②货车及其他按自重计税的车辆另需提供车辆行驶证原件及复印件。

③不可提供车船登记证书的，提供车船进口凭证或出厂合格证明等其他相关证明的原件及复印件。

④不可提供①、②、③中所说资料的，车船技术指标经主管税务机关参考国家相关标准进行核定。

⑤纳税人身份证复印件。

⑥对于新购置的车船来说，除了需提供以上资料之外，还要提供购买船舶发票或机动车销售统一发票等证明材料原件及复印件。

⑦单位纳税人需提供纳税申报表。

2. 车船税申报流程

（1）在办理缴纳车船税时，登记本单位或个人所拥有或管理的车船（包括免税车船）的详细信息。

（2）纳税人需填交《车辆/船舶情况登记表》，并提供组织机构代码证复印件

— 177 —

（个人车船所有人无需提供）、税务登记证件副本复印件（个人提供有效身份证件及复印件）、《机动车登记证书》或《机动车行驶证》《船舶所有权登记证书》《船舶国籍证书》《车船管理协议书》（车船管理人提供）等的原件及复印件。

（3）车船的基本情况在办税大厅的服务窗口登记之后，就可以到征收窗口进行纳税申报了。

（4）纳税人在办理设立税务登记时，将《车辆/船舶情况登记表》一并提交。

在这里需要注意的是：对于未办理车船登记的纳税人而言，应该按照上述程序进行办理；对于已经办理登记的车船，再次申报的，应该填交《车船税纳税申报表（车辆/船舶）》，并持有车辆的《机动车行驶证》《船舶所有权登记证书》原件或复印件办理纳税；对于已经办理车船情况而发生变动的，纳税人需及时到所在地的区地方税务局（税务所）办理车船信息变动登记手续。

3. 车船税的缴纳方法

（1）由经营机动车交通事故强制保险的保险机构代收代缴。经营机动车交通事故强制保险的保险机构代收代缴的方法，是由纳税人在购买机动车交通事故责任强制保险时缴纳。

（2）由纳税人自行缴纳。纳税人自行缴纳的方法，是指纳税人据税务机关的有关规定，自行缴纳车船税。若在购买机动车交通事故责任强制保险时，纳税人已缴纳车船税，则不再需要向税务机关申报纳税。

车船税是由地方税务机关负责征收的税种。在一个纳税年度内，已完税的车辆被盗抢、报废、灭失的，纳税人只需持有关管理机关出具的相关证明与完税证明，向税务机关申请退还自被盗抢、报废、灭失月份起至该纳税年度终了期间的税款。已办理退税的被盗抢车船又失而复得的，纳税人应当从当地公安部门开具证明的当月计算缴纳车船税。

六、车船税的税收优惠

车船税的税收优惠主要包括社会性优惠、政治性优惠和外交税收豁免等。下面是对这些优惠政策的详细介绍。

1. 社会性优惠

（1）捕捞、养殖渔船予以免征。所谓"捕捞、养殖渔船"，指的是于渔业船舶登记管理部门登记为捕捞船或养殖船的船舶。

表 10-6　车船税纳税申报表

纳税人名称 (单位盖章)			纳税人识别号			电话			
序号	车辆号或船号	车主或船舶所有人	机动车号牌种类代码或船舶登记号	证件种类	证件号码	应纳税额	批准减免税额	实际缴纳税额	欠缴税额	备注
申报车辆合计：			应纳税额合计：			减免税额合计：			
实际缴纳税款合计：			欠缴税额合计：			缴纳金合计：			
纳税人声明	上述申报内容是真实的，如有虚假，愿意承担法律责任。 纳税人（法定代表人）：签名（盖章） 年　月　日	授权人声明	本单位先授权为纳税人的代理申报人，任何与申报有关的往来文件，都可以寄此代理机构。 授权人签名（盖章）： 年　月　日		代理人声明	本纳税申报表按国家税法和税务机关有关规定填报，我确信是真实的，我愿意承担法律责任。 代理人（法定代表人）签名： 年　月　日	特别声明	本单位同意按照税务机关登记的本单位车辆信息申报纳税。 纳税人（法定代表人）签名： 年　月　日	
填表人：	受理税务机关（盖章）：			受理录入日期：			受理录入人：		

（2）根据实际情况，省、自治区、直辖市人民政府可对公共交通车船，农村居民所拥有并主要在农村地区使用的摩托车、低速载货汽车与三轮汽车免征车船税。

（3）城市公交企业自2012年1月1日起至2015年12月31日购置的公共汽电车辆，给予免税。

2. 政治性优惠

（1）对武装警察部队、军队专用车辆，予以免征。武装警察部队、军队专用车辆，指的是依照相关规定在军队、武装警察部队车船登记管理部门登记并获得军队、武警牌照的车船。

（2）警用车船，予以免征。警用车船，指的是国家安全机关、公安机关、劳动教养管理机关、监狱和人民法院、人民检察院执行警务的船舶与获得警用牌照的车辆。

3. 外交税收豁免

依照相关规定，外国驻华使领馆、国际组织驻华代表机构以及有关人员的车船，给予免税。

◇ 第4堂 土地增值税纳税入门知识

一、土地增值税的概念和特点

所谓"土地增值税",是指对在我国转让国有土地使用权、地上的建筑物及其附着物(以下简称"转让房地产")并且取得所得的单位和个人,就其转让房产所得金额的增值额征收税款的一种税。其中"国有土地",指国家法律法规规定的属于国家所有的土地;"地上建筑物",指土地上的一切建筑物;"附着物",指附着在土地上的不可以移动的物品,如种植物、养植物等。开征土地增值税,对增加国家的财政收入、调控房地产市场等都具有十分重要的作用。那么,作为地位如此重要的税种,土地增值税都具有哪些明显特征呢?

1. 计税依据是转让房地产的增值额

与增值税的增值额不同的是,土地增值税的增值额是征税对象的全部销售收入额扣除成本、费用、税金及其他相关金额后的差额。

2. 征税面比较广

除税法规定免税的之外,在我国境内转让房地产并取得收入的单位和个人,都需按照相关规定缴纳土地增值税。

3. 实行超率累进税率

土地增值税的税率的依据是转让房地产增值率的高低位。其税率的确定,依照累进设计的原则,实行分级计税。

4. 实行按次征收

在房地产发生转让的环节,土地增值税实行按次征收,每发生一次转让行为,就要增收一次土地增值税。

二、土地增值税纳税人和征税范围

1. 土地增值税纳税人

土地增值税的纳税人分布广泛,之所以这样说,是因为税法规定,凡在我国境内转让房地产并取得相应收入的单位和个人,都属于土地增值税纳税人。单位包括各类企事业单位、国家机关、社会团体与其他相关组织;个人包括个体经营者。

总体上来说,《中华人民共和国土地增值税暂行条例》对于纳税人的规定具有以下三个方面的特点:

(1) 不管是法人还是自然人,都属于土地增值税的纳税人。

(2) 不管是全民所有制企业、个体经营者、集体企业、私营企业,还是合作企业、外商独资企业、联营企业、合资企业等,只要转让房地产,都属于土地增值税的纳税人。

(3) 不管是农业、商业、工业、学校、医院还是机关,只要转让房地产,都属于土地增值税的纳税人。

2. 土地增值税的征税范围

土地增值税的征税范围根据《中华人民共和国土地增值税暂行条例》的相关规定主要涵盖以下几方面:

(1) 转让国有土地使用权。

(2) 连同国有土地使用权一并转让的地上建筑物及其附着物。

三、土地增值税的税率

土地增值税税率一直以"增值多的多征,增值少的少征,无增值的不征"作为征税原则。依照此原则,土地增值税设计了四级超率累进税率(如表10-7所示)。

表10-7 土地增值税四级超率累进税率表

级数	增值额与扣除项目金额的比率	税率(%)	速算扣除系数(%)
1	不超过50%的部分	30	0
2	超过50%~100%的部分	40	5
3	超过100%~200%的部分	50	15
4	超过200%的部分	60	35

四、土地增值税纳税时间、地点、期限和计算方法

1. 土地增值税的纳税时间

(1) 房地产开发企业缴纳土地增值税的纳税人在缴纳土地增值税时,其时间以签订合同的日期为准。

(2) 单位和个人将购买的房地产再转让的纳税人在缴纳土地增值税时,以国土房管产权登记单位受理产权过户申请资料的时间为准。

(3) 通过非正常方式转让房地产土地增值税的纳税义务时间是：

①已签订房地产转让合同，原房产因为诸多原因迟迟未能过户，后因有关问题解决之后再办理房产转移登记手续的，其纳税义务时间是以签订房地产转让合同时间为准。

②依法设立的仲裁机构裁决房地产权属转移的，其纳税义务时间以仲裁书明确的权属转移时间为准。

③法院在进行民事判决、民事裁定、民事调解的过程中，判决或裁定房地产所有权转移的，其纳税义务发生时间以判决书、裁定书、民事调解书确定的权属转移时间为准。

④房地产所有人委托拍卖行拍卖，成交之后按照拍卖成交确认书签订房地产转让合同的，其纳税义务发生时间以签订房地产转让合同时间为准。

2. 土地增值税的纳税地点

发生房地产转让后，土地增值税的纳税人应及时向房地产所在地主管税务机关办理纳税申报，并在其规定的期限内缴纳土地增值税。房地产所在地指房地产的坐落地。若纳税人转让的房地产在两个或两个以上地区的，应该到各自所在地分别纳税。

3. 土地增值税的纳税期限

在转让房地产合同签订之后的 7 日内，土地增值税的纳税人需到房地产所在地主管税务机关办理申报纳税。若纳税人因为时常发生房地产转让而不能在每次转让之后申报的，在税务机关审核通过后，可在规定时间内申报纳税，期限由税务机关根据实际情况确定。

4. 土地增值税的计算方法

土地增值税以纳税人有偿转让房地产所得的增值额为纳税依据。依据超率累进税率，计算应纳税额，其计算原理与超额累进税额基本相同。其计算步骤是：①以出售的房地产的总收入减除扣除项目金额，求得增值额；②以增值额与扣除项目金额相比，其比值即为土地增值率；③根据土地增值率的高低确定适用税率，用增值额和适用税率相乘，求得应纳税额。土地增值税的计算公式为：

应纳税额 = ∑(每级距的土地增值税 × 适用税率)

因为上述步骤的计算较为繁琐，为了方便，也可以使用速算扣除法计算。简单地说，这种计算方法就是用增值额乘以适用的税率减去扣除项目金额乘以速算扣除系数。其计算公式为：

应纳税额＝增值额×适用税率－扣除项目金额×速算扣除系数

其中，需要加以详细介绍的就是纳税人采取预售方式出售商品房，以及纳税人成片受让土地使用权后分期分批开发、转让房地产的情况。面对这种情况的出现，国家为了堵塞漏洞，保证税款及时到位，《土地增值税暂行条例实施细则》规定，土地增值税以纳税人房地产成本核算的核算对象或最基本核算项目作为单位计算。根据此项原则，对于上述两种经营方式采取了"比例征收—清算"法。其计算方式如下：

（1）纳税人采取预售方式出售商品房的，在计算缴纳土地增值税时，可以按买卖双方签订的预售合同所载金额计算出应纳土地增值税税额，再根据每笔预收款占总售价款的比例，计算分摊每次所需缴纳的土地增值税税额，在每次预收款时计征。

土地增值税的计算步骤如下：①计算转让房地产取得的收入；②计算扣除项目金额；③计算增值额；④计算增值额占扣除项目金额的比例，确定适用税率；⑤计算应纳税额。

（2）纳税人成片受让土地使用权后分期分批开发、转让房地产的，对允许扣除项目的金额可以按转让土地使用权的面积占总面积的比例计算分摊。如果按照这种方法计算不合理的，也可以采用按建筑面积或税务机关确认的其他方式计算分摊。其计算公式为：

扣除项目金额＝扣除项目总金额×（转让土地使用权的面积或建筑面积÷受让土地使用权的总面积）

五、土地增值税的申报程序和方法

1. 土地增值税的申报程序

（1）房地产开发公司。

依照税法的相关规定，纳税人向主管税务机关申报纳税，并提供下列证件和资料：

①土地转让、房产买卖合同。

②房屋产权证、土地使用权证书。

③与转让房地产有关的其他资料，包括获得土地所有权的全部金额，如房地

产开发费用方面的资料、房地产开发成本方面的财务会计资料、房地产转让相关的税金的完税凭证以及其他与房地产相关的资料。

④据税务机关的要求，提供房地产评估报告。房地产评估报告，就是纳税人交由政府批准设立的评估机构对房地产所做的评估报告。通常情况下，当税务机关认定纳税人所提供的转让房地产所得收入或扣除金额不实时，就须进行相应的房地产评估。

对于上述纳税资料，税务机关应该进行严格的核查。其中，涉及税收减免和分次纳税等的审查内容包括：

a. 签订房地产开发合同、房地产转让合同、立项的具体日期、签订土地受让合同的具体日期，以及按合同规定投资资金是否到位等。就上述合同，要求作出此房地产转让是否属于1994年1月1日之前签订的材料的决定，这一决定将成为税务机关确定该项目是否征税的依据。

b. 房地产开发项目所属类型。要求对开发项目是不是属于普通标准住宅进行备案，这将会成为税务机关确定对其是否征税的依据。

c. 房地产转让所属形式。一个项目是一次性销售还是分次销售，是选择预售方式还是现房销售方式，将成为税务机关核定申报及纳税时间的依据。

（2）除房地产开发公司之外的纳税人。

这一类纳税人到房地产所在地的主管税务机关办理申报手续时，需提供下列证件和资料：

①土地转让、房产买卖合同。

②房屋及建筑物产权、土地使用权证书。

③与转让房地产有关的税金的完税凭证。

④房地产评估报告。

⑤其他与转让房地产有关的资料。

⑥如发生下列行为，纳税人还应该从签订房地产转让合同之日起7日内，到相关税务机关备案：

a. 因为国家建设的需要收回、征用的房产，纳税人应得到相应的经济补偿。

b. 因国家建设、城市规划的原因搬迁，由纳税人自行转让其房地产的（此时还需提供政府要求搬迁的批文）。

c. 转让原自用住房的。

表 10-8 土地增值税纳税申报表

（从事房地产开发的纳税人适用）

填报日期：　年　月　日　　　　金额单位：人民币元　　　面积单位：平方米

地税邮编			纳税人识别号		
纳税人名称			税款所属时期		
电话					
项目			行次		金额
一、转让房地产收入总额			1=2+3		
其中	货币收入		2		
	实物收入及其他收入		3		
二、扣除项目金额合计			4=5+6+13+16+20		
1. 取得土地使用权所支付的金额			5		
2. 房地产开发成本			6=7+8+9+10+11+12		
其中	土地征用拆迁补偿费		7		
	前期工程费		8		
	建筑安装工程费		9		
	基础设施费		10		
	公共配套设施费		11		
	开发间接费用		12		
3. 房地产开发费用			13=14+15		
其中	利息支出		14		
	其他房地产开发费用		15		
4. 与转让房地产有关的税金等			16>17+18+19		
其中	营业税		17		
	城市维护建设税		18		
	教育费附加		19		
5. 财政部规定的其他扣除项目			20		
三、增值额			21=1-4		
四、增值额与扣除项目金额之比			22=21/4		
五、适用税率（%）			23		
六、速算扣除系数（%）			24		
七、应缴土地增值税税额			25=21×23-4×24		
八、已缴土地增值税税额			26		
九、应补（退）土地增值税税额			27=25-26		
如纳税人填报，由纳税人填写以下各栏			如委托代理人填报，由代理人填写以下各栏		备注
			代理人名称		
会计主管（章）	经办人（章）	纳税人（章）	代理地址		
			经办人姓名		电话
以下由税务机关填写					
收到申报表日期	年　月　日		接收人		

2. 土地增值税的申报方法

土地增值税申报方法主要有以下三种形式：

（1）一次交割、付清价款方式转让房地产。

（2）分期收款方式转让房地产。

（3）项目全部竣工结算前转让房地产。

六、土地增值税的税收优惠

国家对房地产转让征收的土地增值税，政策性强，涉及面广。为了更好地促进房地产开发，改善城镇居民的居住条件，做好城镇建设工作，政府对土地增值税给予了减免税优惠。

（1）对于所出售普通标准住宅的增值额低于扣除项目金额20%（含）的，给予免征；高于20%的，其全部增值额按相关规定征税。

所谓"普通标准住宅"，指以所在地普通居民的住宅标准建造的居住用住宅。高级公寓、别墅、度假村等则不在普通标准住宅的范畴之内。关于普通标准住宅和其他住宅的划分标准由各省、自治区、直辖市人民政府界定。

对于不仅建造普通标准住宅还搞其他房地产开发的纳税人，应分别计征增值税。不分别核算增值额或不能准确核算的，其建造的普通标准住宅不可以享受这项优惠政策。

（2）对国家征用收回的房地产的税收优惠。

因国家建设需要依法收回、征用的房产，给予免征。

◇ 第5堂 城镇土地使用税纳税入门知识

一、城镇土地使用税的概念和征收意义

城镇土地使用税是以实际占用的土地面积为计税标准，以开征范围的土地为征税对象，依法对拥有土地使用权的单位和个人征收的一种税。自1988年11月1日起，其就对国内企业、单位和个人开始征税，却对外籍人员与外资企业暂不征税。

一直以来，土地资源都很宝贵。开征城镇土地使用税，让土地从此由无偿使

用变为有偿使用，如此就保护了土地资源不被随意破坏，也让企业更加懂得合理利用和节约使用城镇土地。此外，征收城镇土地使用税，更加加强了企业的经济核算，保证了国家财政收入，为城市建设积累了充足的资金。

二、城镇土地使用税的纳税人和征税范围

1. 城镇土地使用税的纳税人

城镇土地使用税的纳税义务人是在城市、县城、建制镇、工矿区范围内使用土地的单位和个人（不含农村）。其主要包括以下几类：

（1）拥有土地使用权的单位和个人。

（2）土地使用权未确定或权属纠纷未解决的，其实际使用人为纳税人。

（3）土地使用权共有的，各方均为纳税人，由共有各方分别纳税。

（4）拥有土地使用权的单位或个人不在土地所在地的，土地使用人或代管人为纳税人。

2. 城镇土地使用税的征税范围

城镇土地使用税的征税范围广泛。根据税法规定，凡是城市、县城、建制镇和工矿区范围内的土地，不管是国家所有，还是集体所有，均需征收城镇土地使用税。

上述城市、县城、建制镇和工矿区分别依照以下标准确认：

（1）城市是国务院批准设立的市。

（2）县城是县人民政府所在地。

（3）建制镇的征税范围是镇人民政府所在地的地区，但不包含镇政府所在地管辖的行政村。

（4）建立在城市、县城、建制镇和工矿区以外的工矿企业不征税。

三、城镇土地使用税的税率

在征收城镇土地使用税时，国家规定其按照大、中、小城市和县城、建制镇、工矿区分别规定每平方米土地使用税年应纳税额，所以城镇土地使用税采取的是有幅度差别的定额税率。其具体标准如下：

（1）大城市 1.5~30 元。

（2）中等城市 1.2~24 元。

（3）小城市 0.9~18 元。

（4）县城、建制镇、工矿区 0.6~12 元。

按照国家规定，人口在 50 万以上的为大城市；人口在 20 万~50 万之间的为中等城市；人口在 20 万以下的为小城市。城镇土地使用税税率表见表 10-9。

表 10-9　城镇土地使用税税率表

级别	人口（人）	每平方米税额（元）
大城市	50 万以上	1.5~30
中等城市	20 万~50 万	1.2~24
小城市	20 万以下	0.9~18
县城、建制镇、工矿区		0.6~12

注：各省、自治区、直辖市人民政府可按照所在地城市建设与经济发展情况，确定所辖地区的适用税额幅度。如经济发达地区的适用税额标准可以适当提高，但须报财务部批准。经济落后的地区，土地使用税的适用税额标准可以适当降低，但降低额不得超过上述规定最低税额的 30%。

四、城镇土地使用税纳税时间、地点、期限和计算方法

1. 城镇土地使用税的纳税时间

（1）纳税人购置新建商品房的城镇土地使用税纳税义务发生时间是自房屋交付使用的次月起。

（2）纳税人购置存量房的城镇土地使用税纳税义务发生时间是自办理房屋权属转移、变更登记手续，房地产权属登记机关签发房屋权属证书的次月起。

（3）纳税人出租、出借房产的城镇土地使用税纳税义务发生时间是自交付出租、出借房产的次月起。

（4）以出让或转让方式有偿取得土地使用权的城镇土地使用税纳税义务发生时间是应由受让方从合同约定交付土地时间的次月起。

（5）纳税人新征用的耕地的城镇土地使用税纳税义务发生时间是自批准征用之日起满 1 年时。

（6）纳税人新征用的非耕地的城镇土地使用税纳税义务发生时间是自批准征用次月起。

2. 城镇土地使用税的纳税地点

城镇土地使用税的纳税地点为土地所在地，由土地所在地的税务机关负责征收。土地管理机关应当向土地所在地的税务机关提供土地使用权属资料。

纳税人使用的土地在同一省（自治区、直辖市）的，纳税人跨区域使用的土地，由各省、自治区、直辖市地方税务局确定其纳税地点；不在同一省（自治区、直辖市）管辖范围的，应由纳税人分别向土地所在地的税务机关缴纳土地使用税。

3. 城镇土地使用税的纳税期限

城镇土地使用税采用分期缴纳、按年计算的征收方式。其具体的纳税期限由各省、自治区、直辖市地方人民政府根据实际情况而确定，主要有三种情况：按月缴纳、按季缴纳和按年缴纳。

4. 城镇土地使用税的计算方法

城镇土地使用税以纳税人实际占有的土地面积为计税依据。其计算公式为：

全年应纳税额 = 实际占有应税土地面积（平方米）× 适用税额

分季或月缴纳时：

季度应纳税额 = 年应纳税额 ÷ 4

月应纳税额 = 年应纳税额 ÷ 12

五、城镇土地使用税的申报程序和方法

1. 城镇土地使用税的申报程序

城镇土地使用税的纳税人应按照《城镇土地使用税暂行条例》的有关规定及时办理纳税申报，并如实填写《城镇土地使用税纳税申报表》（如表10-10所示）。纳税人如有地址变更、土地使用权属转换等情况，从转移之日起，按规定期限办理申报变更登记。

2. 城镇土地使用税的纳税方式

纳税人自行到土地所在地的税务机关缴纳城镇土地使用税。若纳税人所使用的土地不属于同一省、自治区、直辖市的，由纳税人分别向土地所在地的纳税机关缴纳税款。

表 10-10 城镇土地使用税纳税申报表

填表日期： 年 月 日

纳税人识别号： 金额单位：元（列至角分）

纳税人名称								税款所属时期				
房产坐落地点												

坐落地点	上期占地面积	本期增减	本期占地面积	法定免税面积	应税面积	土地等级 ①	土地等级 ②	适用税额 ①	适用税额 ②	全年应纳税额	缴纳次数	每次应纳税额	已纳税额	应补（退）税额
1	2	3	4=2+3	5	6=4-5	7	8	9	10	11=6×9 或 10	12	13=11/12	14	15=11-14
合计														

如纳税人填报，由纳税人填写以下各栏			如委托代理人填报，由代理人填写下栏		
会计主管（章）	纳税人（章）	代理人名称		代理人（章）	备注
		代理人地址			
		经办人		电话	

以下由税务机关填写			
收到申报表日期		接收人	

六、城镇土地使用税的税收优惠

根据国家的相关规定，城镇土地使用税的税收优惠主要包括以下几方面：

1. 一般规定

（1）国家财政部门拨付事业经费的单位自用的土地。

（2）国家机关、人民团体、军队自用的土地。

（3）宗教寺庙、公园、名胜古迹自用的土地。

（4）市政街道、广场、绿化地带等公共用地。

（5）经国家批准的土地整治与改造的废弃土地，从使用的月份起免缴土地使用税 5~10 年。

（6）直接用于农、林、牧、渔业的生产用地。

（7）由财政部另行规定免税的能源、交通、水利设施用地和其他用地。

2. 特殊规定

（1）城镇土地使用税与耕地占用税存在交集的，只要是缴纳了耕地占用税的，从批准征用日起满1年之后征税；征用非耕地因为无需缴纳耕地占用税，应从批准征用的次月起征税。

（2）对公安、海关等免税单位无偿使用铁路、民航等纳税单位的土地，予以免征。

（3）房地产开发公司开发商品房用地，除经有关部门批准开发的经济适用房的用地之外，对于各类房地产开发用地不得减（免）税。

（4）对于企业用地范围之内的荒山、林地、湖泊等占地，还未开发利用的，经各省、自治区、直辖市税务局核定之后，可暂免征税。

（5）企业厂区内的绿化用地，应按照相关规定征收城镇土地使用税，厂区外的公共绿化用地和向社会开放的公园用地，可暂免征税。

（6）老年服务机构自用的土地，予以免税。

（7）供热企业暂免征城镇土地使用税。

（8）廉租住房用地，予以免税。

◇ 第6堂　房产税纳税入门知识

一、房产税的概念和特点

所谓房产税，指以房屋作为征税对象，按照房屋的租金收入或计税余值向产权所有人征收的一种税。房产税的特征主要表现在以下几个方面：

（1）房产税的征收范围是经营性的房屋。

（2）房产税是财产税中的个别财产税。

（3）区别房屋的经营使用方式规定计税的方法，对于出租房屋按租金收入征税，对于自用的按房屋计税余值征收。

在此需要注意的是，房屋出典并非出租，出典人收取的典价也与租金不同。所以，不应该将其确定为出租行为从租计征，而应按房产余值计算缴纳。为此，《财政部、国家税务总局关于房产税城镇土地使用税有关问题的通知》（财税[2009]128号）有明确规定，产权出典的房产，由承典人按照房产余值缴纳房

— 191 —

产税。

我国的房产税属于地方税，征收房产税能够筹集部分建设资金，缓解地方财政不足的紧张状况。因房屋属于法人拥有的财富，对于房屋征收房产税能够调节企业间的财富分配，提高房屋的使用效益。

二、房产税的纳税义务人和征税范围

1. 房产税的纳税义务人

（1）房产产权属于个人或集体所有的，其纳税人是集体所属单位和个人；产权属国家所有的，其纳税人是经营管理单位。

（2）房产产权出典的，其纳税人是承典人；产权承典人不在房屋所在地的，其纳税人是房产使用者或管理者。

（3）房产产权尚未确定、典租矛盾尚未解决的，其纳税人是房产使用者或代管者。

（4）无租使用房产的，其纳税人是房产使用者。

（5）依照《中华人民共和国房产税暂行条例》的相关规定，外商投资企业、外国企业、外国组织须按时缴纳房产税。

2. 房产税的征税范围

征收房产税是对城市、县城、建制镇和工矿区的房产进行征收，不包括农村的房产。其具体标准如下：

（1）城市是国务院批准设立的市。

（2）县城是县人民政府所在地。

（3）建制镇是指经政府批准建立的建制镇。

（4）工矿区是指人口密集、商业发达、符合国务院规定的建制镇标准却尚未开发的土地。开征房产税的工矿区须经政府批准。

三、房产税的税率

根据我国现行税法的要求，房产税采用的是比例税率。房产税税额计算形式因计税依据的不同而有所不同，主要分为两种，即从价计征、从租计征。

（1）以房产计税余值计税的采用从价计征，这种形式的税率规定为1.2%。

（2）以房产租金收入计税的采用从租计征，这种形式的税率规定为12%。

此外，自 2001 年 1 月 1 日起，对社会团体、企事业单位及其他组织依照市场价格向个人出租的住房，减按 4%的税率征收房产税。

四、房产税纳税时间、地点、期限和计算方法

1. 房产税的纳税时间

（1）纳税人购置新建商品房，自房屋交付使用次月起缴纳房产税。

（2）纳税人购置存量房，自办理房屋权属转移、变更登记手续，房屋产权属登记机关签发房屋权属证书次月起计征房产税。其中，存量房是指新建商品房以外的房屋。

（3）纳税人出租、出借房屋，自出租、出借次月起缴纳房产税。

（4）房地产开发企业自用出租、出借企业建造的商品房，自房产使用或交付次月起缴纳房产税。

（5）纳税人将原有房屋用于生产经营，从生产经营之月份起，缴纳房产税。

（6）纳税人委托施工企业建设的房屋，从办理验收手续之次月起，缴纳房产税。

（7）纳税人自行新建房屋用于生产经营的，从建成之次月起，缴纳房产税。

2. 房产税的纳税地点

对多数纳税人而言，房产税的纳税地点是房产所在地。对房产不在同一地方的纳税人，须按照房产的坐落点分别向房产所在地的税务机关缴纳税款。

3. 房产税的纳税期限

房产税的征收方法主要为按年计算、分期缴纳两种形式，其具体的纳税期限由省、自治区、直辖市人民政府根据具体情况确定。

4. 房产税的计算方法

房产税的应纳税额计算分为从价计征与从租计征两种形式。不管是哪一种计算方法，其计税依据都是房产计税价值和房产的租金收入。

（1）从价计征的计算方法，其计算公式为：

应纳税额 = 房产原值 × (1 – 规定的减除比例) × 1.2%

（2）从租计征的计算方法，其计算公式为：

应纳税额 = 租金收入 × 12%

五、房产税的税收优惠

现行税法中，房产税的减免优惠政策主要有：

(1) 人民团体、国家机关、军队自用房产，予以免征。

(2) 由国家财政部门拨付事业经费的单位，如医疗卫生单位、幼儿园、敬老院、托儿所、体育、学校、文化、艺术等实行差额或全额预算管理的事业单位所有的，本身业务范围内使用的房产，予以免征。

(3) 公园、名胜古迹、宗教寺庙自用房产，予以免征。

(4) 个人所拥有的非营业使用的房产，予以免征。

(5) 经财政部批准免税的其他房产。这类免税房产，情况较为特殊，面积较小，是根据实际情况确定的。具体规定如下：

①经相关部门批准，已经损坏不能使用的房屋，在停止使用后可免征。

②因房屋装修长时间不使用的，在房屋装修期间可免征。

③为鼓励利用地下人防设施，暂不征房产税。

④对疾病控制机构等卫生机构与非营利性医疗机构自用的房产，予以免征。

⑤老年服务机构自用的房产，予以免征。

⑥若邮政部门的房产在征税范围内，须征收房产税；反之，则不征。

⑦对专门经营农产品的农贸市场、农产品批发市场使用的房产，免征房产税。

◇ 第7堂 城建税和教育费附加纳税入门知识

一、城建税的概念和特点

城建税以实际缴纳的增值税、消费税、营业税（以下简称"三税"）为计税依据，以缴纳三税的单位和个人为纳税义务人而征收的一种税。它是国家为了稳定与扩大城市建设资金、加强城市的维护建设所采取的一项强制性措施。

城建税具备以下显著特点：

(1) 具有特定目的。城建税税款专门用于城市的公共设施与公用事业的维护建设。

(2) 具有附加税的性质。它以纳税人缴纳的"三税"为计税依据，附加于

"三税"税额之上，不具有独立性与特定性。

二、城建税的纳税人和征税范围

1. 城建税的纳税义务人

城建税作为附加税，并不具有独立的征税对象。这就决定了其纳税义务人的不固定性。具体来说，城建税的纳税义务人是负有缴纳增值税、营业税、消费税义务的单位和个人。所谓单位，就是集体企业、私营企业、股份制企业、国有企业、其他企业和事业单位、行政单位、社会团体、军事单位及其他单位。所谓个人，就是个体工商户及其他个人。此外，国家还规定，自2010年12月1日起，对外国企业、外商投资企业及外籍个人征收城建税。

2. 城建税的征税范围

城建税的征税范围包括城市、县城、建制镇、工矿区以及税法规定的其他地区。

三、城建税的税率

根据我国现行税法，对城建税税率的规定分为基本规定与特殊规定。

1. 城建税税率的基本规定

（1）纳税人所在地为城市市区的，其税率为7%。

（2）纳税人所在地在县城、建制镇的，其税率为5%。

（3）纳税人所在地不在城市市区、县城、建制镇的，其税率为1%。

2. 城建税税率的特殊规定

（1）流动经营无固定纳税地点——缴纳"三税"所在地的规定税率。

（2）代征代扣城建税——缴纳"三税"所在地的规定税率。

四、城建税的纳税地点、时间、期限和计算方法

1. 城建税的纳税地点

城建税的纳税地点就是缴纳"三税"的地点。此外，需要注意以下情形的纳税地点：

（1）对流动经营无固定纳税地点的单位，应随同"三税"在经营地按适用税率缴纳城建税。

（2）代征代扣"三税"的企业单位，同时也要代征代扣城建税，其城建税的纳税地点在代扣代收地。

（3）跨省开采的油田，核算单位与下属生产单位不在同一省的，其生产的原油须在油井所在地缴纳增值税，其应缴纳税额由核算单位依照各油井的规定税率与产量进行计算。所以，各油井应纳的城建税，应该由核算单位进行计算，随同增值税一并汇拨油井所在地，由油井在缴纳增值税的同时，一并缴纳城建税。

（4）对管道局输油部分的收入，由取得收入的各管道局于所在地缴纳营业税。所以，其应缴纳的城建税，也应由取得收入的各管道局于所在地缴纳营业税时一并缴纳城建税。

2. 城建税的纳税时间与期限

城建税的纳税时间就是纳税人缴纳"三税"的时间。根据营业税法的规定，营业税的纳税期限分别为5日、10日、15日或者1个月。根据增值税法和消费税法的相关规定，增值税、消费税的纳税期限分别为1日、3日、5日、10日、15日或者1个月。营业税、增值税、消费税的纳税人的具体纳税期限，由主管税务机关根据纳税人应该缴纳税额的大小分别核定；不可以按照固定期限纳税的，可以选择按次纳税。同样，城建税的具体纳税期限也由主管税务机关核定，通常情况下是按月纳税。

3. 城建税的计算方法

（1）城建税计税依据。根据现行税法的规定，城建税的计税依据为纳税人实际缴纳的"三税"及增值税免抵额，且与"三税"同时缴纳。不过，在确定其计税依据时，需要注意以下情况：

①自2005年1月1日起，生产企业出口货物实行免抵退税办法的，经国税局正式审核批准的当期免抵的增值税税额，应计算缴纳城建税。

②纳税人违反"三税"的相关规定，被查补"三税"和被处以罚款时，也要对其偷漏的城建税进行补税和罚款。

③在"三税"得到减征或免征优惠的同时，城建税也要减免征收。

④纳税人因违反"三税"的相关规定而多收的罚款和滞纳金，并不作为城建税的计税依据。

⑤进口产品需征收增值税、消费税，但不征收城建税，即城建税进口不征、出口不退；出口产品在退还增值税、消费税时，不退还已缴纳的城建税。

(2) 城建税的计算方式。城建税的应纳税额大小由纳税人实际缴纳的"三税"税额决定,但不包括纳税人违反"三税"有关税法规定而加收的滞纳金和罚款。城建税应纳税额的计算公式为:

应纳税额 = 计税依据 × 税率 = (企业实际缴纳的增值税 + 消费税 + 营业税) × 税率

五、城建税的税收优惠

原则上来说,城建税是不单独免税的,但因城建税又具有附加税性质,当主税发生减免时,城建税也会相应减免。城建税的税收减免主要有以下几种情况:

(1) 城建税随"三税"的减免而减免。
(2) 对因减免税而实行"三税"退库的,城建税也要同时退库。
(3) 对进口产品代征的增值税、消费税,海关不予征税。
(4) 对"三税"实行先征后退、先征后返、即征即退方法的,除另有规定外,对随"三税"附征的城建税,一律不予退(返)还。

六、城建税的纳税申报

纳税人在申报缴纳增值税、营业税、消费税时,应同时申报缴纳城建税,并填报《地方各税通用申报表》。城市维护建设税纳税申报表见表10-11。

表10-11 城建税纳税申报表

纳税人识别号:
填表日期: 年 月 日　　　　　　　　　　　金额单位:元(列至角分)

纳税人名称		税款所属时间			
计税依据	计税金额	税率	应纳税额	已纳税额	应补(退)税额
1	2	3	4=2×3	5	6=4-5
增值税					
营业税					
消费税					
合计					
如纳税人填报,由纳税人填写以下各栏			如委托代理人填报,由代理人填写下栏		备注
会计主管 (章)	纳税人 (章)	代理人名称		代理人 (章)	
		代理人地址			
		经办人	电话		
以下由税务机关填写					
收到申报表日期			接收人		

七、教育费附加的申报

教育费附加是国家为了加快教育事业，扩大教育资金而征收的一项专用基金。为贯彻落实《中共中央关于教育体制改革的决定》，国务院于1986年4月28日发布了征收教育费附加的暂行规定。

教育费附加的纳税时间与"三税"纳税时间是一致的，凡纳税人发生"三税"的纳税义务，就发生了教育费附加的纳税义务。

一般情况下，纳税人在申报纳税时，应同时填写一份教育费附加申报表（如表10-12所示）。

表10-12 教育费附加申报表

纳税人识别号：
填表日期： 年 月 日　　　　　　　　金额单位： 元（列至角分）

纳税人名称		税款所属时间			
计税依据	计税金额	附加率	应征额	已纳额	应缴（退）费
1	2	3	4=2×3	5	6=4-5
增值税					
营业税					
消费税					
合计					
如纳税人填报，由纳税人填写以下各栏		如委托代理人填报，由代理人填写下栏			备注
会计主管（章）	纳税人（章）	代理人名称		代理人（章）	
		代理人地址			
		经办人		电话	
以下由税务机关填写					
收到申报表日期			接收人		

八、教育费附加的减免规定

教育费附加是对缴纳增值税、消费税、营业税的单位和个人，就其实际缴纳的"三税"税额为计税依据征收的一种税。与城建税一样，教育费附加也具有附加税的性质。

教育费附加的减免规定如下：

（1）对进口的产品征收的增值税、消费税，海关不征收教育费附加。

（2）对因减免增值税、消费税和营业税而发生退税的，教育费附加也会同时退还。

（3）对"三税"实行先征后退、先征后返、即征即退方法的，除另有规定外，对随"三税"附征的教育费附加，一律不予退（返）还。

（4）对出口退还增值税、消费税的，不退还已征的教育费附加。